ספר הבישול של וונטון

100 מתכונים וטכניקות טעימים לשליטה באמנות
יצירת וונטון

גל ויסבלום

תוכן העניינים

תוכן העניינים....3

מבוא....8

ארוחת בוקר....9

1. וונטון שרימפס מתוק-חמוץ וופל....10

2. בייקון וביצה וונטונס....13

3. גביעי קיש וונטון....15

4. בננה נוטלה וונטונס....17

5. Wonton Breakfast Tacos....19

6. וונטון פרנץ' טוסט....21

7. וונטונס נקניק וגבינה....23

8. Wonton Breakfast Pizza....25

9. וונטון ארוחת בוקר שטרודל....27

10. קישי תרד ופטה וונטון....29

11. Wonton Breakfast Empanadas....31

12. גביעי חזיר וגבינה....33

13. נקניק וביצה וונטון ביס....35

14. כוסות אבוקדו וביצים....37

15. וונטון ארוחת בוקר בוריטוס....39

16. כוסות וונטון ירקות וגבינות....41

חטיפים ומנות ראשונות....43

17. וונטון סמבוסה....44

18. סרטן רגון....47

19. כוסות תרד וארטישוק חמות....49

3

20. ‏האיטלקי Wonton Nachos‏.................51

21. ‏וונטונים ירקות מטוגנים‏.................54

22. ‏קנולי דל שומן עם רוטב פטל‏.................56

23. ‏קנולי וונטון‏.................58

24. ‏שבבי שומשום וונטון שחור‏.................60

25. ‏מדבקות סיר חם ומתובל‏.................62

26. ‏מדבקות סיר יפניות‏.................65

27. ‏עטיפות עוף אביביות גבינות‏.................67

‏סלטים וצדדים‏.................69

28. ‏סלט אפונה ואטריות עם רצועות וונטון‏.................70

29. ‏סלט עוף מוערם‏.................72

30. ‏צנצנת מייסון סלט עוף סיני‏.................75

31. ‏סלט עוף סיני עם וונטונים‏.................77

32. ‏סלט וונטון עם שרימפס‏.................79

33. ‏סלט אסייתי עם וונטונס‏.................81

34. ‏סלט וונטון חריף‏.................83

35. ‏סלט שומשום ג׳ינג׳ר וונטון‏.................85

36. ‏סלט אבוקדו וונטון‏.................87

37. ‏סלט וונטון תאילנדי‏.................89

38. ‏סלט עוף וונטון בגריל‏.................91

39. ‏סלט טונה וונטון חריף‏.................93

40. ‏סלט BBQ Chicken Wonton‏.................95

41. ‏סלט שרימפס ומנגו וונטון‏.................97

42. ‏סלט בוטנים וונטון תאילנדי‏.................99

43. סלט טריאקי טופו וונטון................101

44. סלט קפרזה וונטון................103

45. סלט טונה וונטון חריף................105

46. סלט אנטיפסטו וונטון................107

47. סלט וונטון דרום-מערבי................109

48. סלט עוף בגריל קיסר וונטון................111

49. סלט וונטון יווני................113

50. סלט וונטון סלק צלוי וגבינת עיזים................115

מרק................117

51. מרק קטו וונטון................118

52. מרק מרק וונטון קלאסי................120

53. מרק כופתאות וונטון................123

54. וונטונס במרק שומשום-סויה קל עם אפונה................125

55. מרק וונטון פשוט................127

56. מרק וונטון חזיר קלאסי................130

57. מרק וונטון צמחוני................132

58. מרק וונטון עוף וירקות................134

59. מרק שרימפס וונטון חריף................136

60. מרק תאילנדי קוקוס קארי וונטון................138

61. מרק ג'ינג'ר חזיר וונטון................140

62. שום שרימפס וונטון מרק................142

63. מרק סצ'ואן וונטון חריף................144

64. מרק וונטון צמחוני................146

65. מרק עוף וונטון עשב לימון................148

5

66. מרק חזיר וונטון חמוץ מתוק.............150

67. מרק טום יאם שרימפס וונטון.............152

68. מרק וונטון טורקיה.............154

69. מרק סרטנים רנגון וונטון.............156

70. מרק וונטון בקר חריף.............158

71. מרק שרימפס וסקלופ וונטון.............160

72. מרק וונטון עם רוטב חמאת בוטנים.............162

73. מרק וונטון עם ירקות ואטריות.............164

מנה עיקרית.............166

74. רביולי עם מסקרפונה וסקלופ.............167

75. הוואי טונה בגריל עם אצות.............170

76. וונטונים של ירקות ופירות ים אפויים.............173

77. וונטונים של ירקות ופירות ים.............175

78. וונטונים של ברווז וג'ינג'ר.............177

79. Go Gees עם Ground Turkey.............179

80. מדבקות סיר עם יין אורז קונג'אק.............181

81. Gow Gees מסורתי.............183

82. Siu Mai כופתאות.............185

83. כופתאות בקר מאודות.............187

84. רביולי מעורב פרחים וגבינה.............189

85. סרטן קריספי וונטונס גבינת שמנת.............191

86. מומוס חזיר.............193

87. Wontons גבינת שמנת מטוגנת.............195

88. גיוזה כרוב וחזיר.............197

89. וונטונים של ירקות ופירות ים אפויים 199

90. וונטון חזיר טחון 201

קינוח 203

91. נוטלה וונטונס 204

92. נוטלה בננה וונטונס 206

93. קינוח נוטלה וונטונס 208

94. אגסים אפויים בפרכיות וונטון ודב 210

זמן הכנה: 20 דקות 211

95. שוקולד בננה וונטונס 212

96. קינמון וונטונס תפוחים 214

97. Wontons גבינת קרם תותים 216

98. אוכמניות לימון וונטונים 218

99. S'mores Wontons 220

100. Wontons גבינת קרם פטל 222

סיכום 224

מבוא

ברוכים הבאים ל-Wonton Cookbook, שבו אנו חוקרים את העולם הטעים של המטבח הסיני דרך העדשה של המנה האהובה הזו. וונטונים הם חבילות קטנות דמויות כופתאות שממולאות במגוון מרכיבים מלוחים ומוגשות באופן מסורתי במרק ריחני. הם מהווים מרכיב עיקרי במטבח הסיני והפכו פופולריים ברחבי העולם בשל הטעמים והמרקמים הייחודיים שלהם.

בספר בישול זה, ניקח אתכם למסע קולינרי בין סגנונות הוונטונים השונים, מבשר חזיר ושרימפס קלאסיים ועד וריאציות צמחוניות וקינוחים. אנו נספק הוראות שלב אחר שלב כיצד להכין את עטיפות ה-Wonton ואת המילויים שלך, כמו גם טיפים לבישול והגשה שלהם. בין אם אתה שף ותיק או מתחיל במטבח, בספר הבישול הזה יש משהו לכולם.

ארוחת בוקר

1. **<u>וונטון שרימפס מתוק-חמוץ וופל</u>**

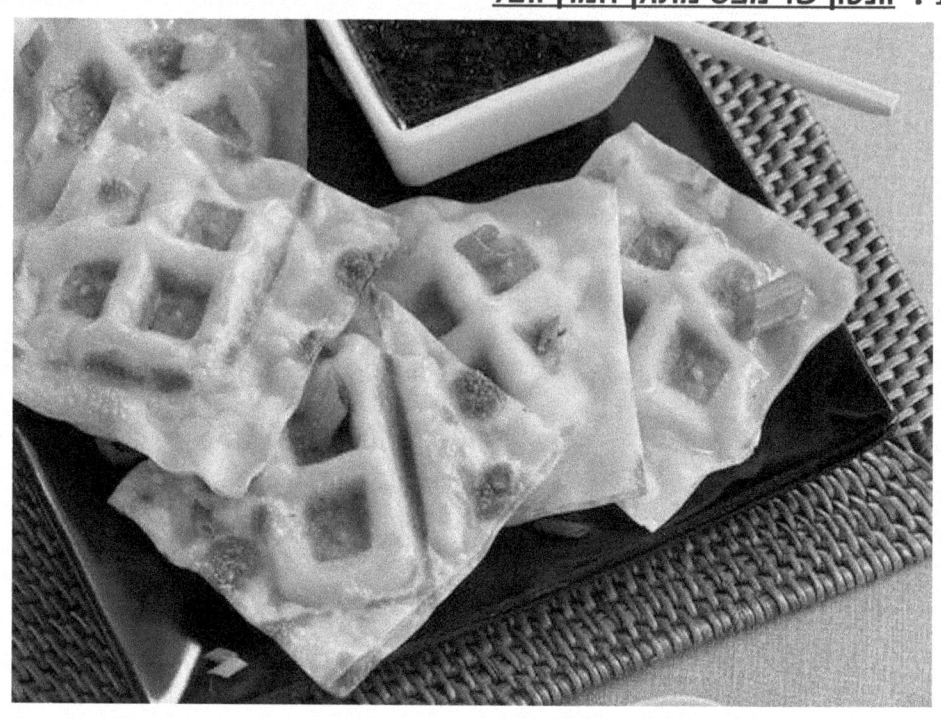

תשואה: עושה 16 וונטון

רכיבים

- 8 אונקיות שרימפס מבושלים וצוננים (ספירה 31-40 או ספירה 41-50), קלופים, זנבות הוסרו
- 1 חלבון ביצה גדול, טרופה קלות
- ¼ כוס בצל ירוק קצוץ דק, חלקים ירוקים ולבנים כאחד
- 1 שן שום, קצוצה
- 2 כפיות סוכר חום בהיר
- 2 כפיות חומץ לבן מזוקק
- ½ כפית ג'ינג'ר טרי מגורר או טחון
- ¾ כפית מלח
- ½ כפית פלפל שחור גרוס טרי
- חבילה אחת של עטיפות וונטון (לפחות 32 עטיפות), בערך 3½ אינץ' לכל צד
- ספריי בישול נון-סטיק
- רוטב ג'ינג'ר-שומשום (מתכון בהמשך)

1 קוצצים דק את השרימפס כך שהם יגמרו כמעט במשחה. אם אתה רוצה להשתמש במעבד מזון, חצי תריסר פולסים מהירים אמורים להשיג זאת. מניחים את השרימפס הקצוץ בקערה בינונית.

2 מוסיפים לשרימפס את חלבון הביצה, הבצל, השום, הסוכר, החומץ, הג'ינג'ר, המלח והפלפל, מערבבים לערבב היטב ומניחים בצד.

3 מחממים מראש את מגהץ הוופל על גבוה. מחממים את התנור להגדרה הנמוכה ביותר שלו.

4 בכדי ליצור את הכיסונים, הסר עטיפה וונטון מהאריזה. בעזרת מברשת מאפה או אצבע נקייה, הרטיבו את כל 4 קצוות העטיפה. מניחים במרכז כף דלה מתערובת השרימפס ומעליה עטיפת וונטון נוספת. לחץ לאורך הקצוות כדי לאטום. המים צריכים לשמש כדבק. אם אתה מוצא נקודה שאינה נדבקת, הוסף עוד מעט מים. מניחים בצד את הוונטון המוגמר, מכסים במגבת אדים ומעצבים את השאר.

5 מצפים את שני הצדדים של רשת ברזל הוופל בספריי נון-סטיק. הגדר כמה וונטונים על מגהץ הוופל שיתאים בנוחות וסגור את המכסה. מבשלים

2 דקות לפני הבדיקה. עטיפת הוונטון צריכה לאבד את שקיפותה וסימני הוופלים צריכים להיות חום זהוב עמוק. פעולה זו עשויה להימשך עד 4 דקות. הסר את הוונטונים המבושלים ושמור אותם חמימים בתנור בזמן שהאחרים מבשלים.

6   מגישים את הוונטונים עם רוטב הטבילה ג'ינג'ר-שומשום.

2 . בייקון וביצה וונטונס

רכיבים

12 עטיפות וונטון

6 פרוסות בייקון מבושלות ומפוררות

6 ביצים, מקושקשות

מלח ופלפל לפי הטעם

בצל ירוק קצוץ לקישוט

הוראות הגעה:

מחממים תנור ל-350 מעלות צלזיוס.

מרססים תבנית מאפינס בספריי בישול טפלון.

לוחצים עטיפת וונטון לכל כוס מאפין.

ממלאים כל כוס וונטון בביצים טרופות ובייקון.

מתבלים במלח ופלפל.

אופים 15-20 דקות, עד שהוונטונים פריכים וזהובים.

מקשטים בבצל ירוק קצוץ ומגישים.

3. גביעי קיש וונטון

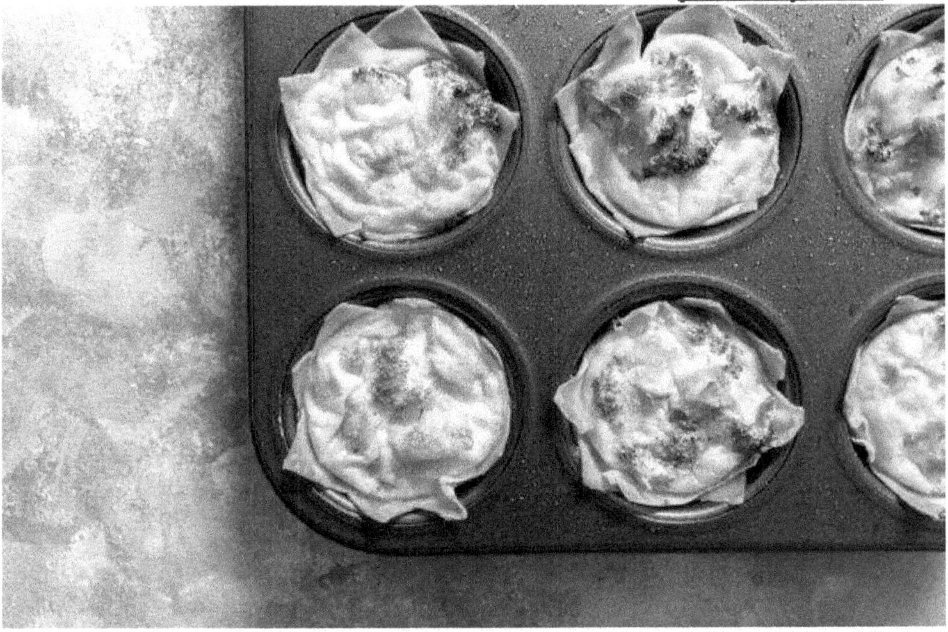

רכיבים

12 עטיפות וונטון
4 ביצים
1/2 כוס חלב
1/2 כוס גבינת צ'דר מגוררת
מלח ופלפל לפי הטעם
פטרוזיליה טרייה קצוצה לקישוט
הוראות הגעה:

מחממים תנור ל-375 מעלות צלזיוס.

מרססים תבנית מאפינס בספריי בישול טפלון.

לוחצים עטיפת וונטון לכל כוס מאפין.

בקערה טורפים יחד את הביצים והחלב.

מערבבים פנימה את גבינת הצ'דר המגוררת ומתבלים במלח ופלפל.

יוצקים את תערובת הביצים לכוסות הוונטון.

אופים 15-20 דקות, עד שכוסות הקיש תפוחות ומשחימות.

מקשטים בפטרוזיליה טרייה קצוצה ומגישים.

4. בננה נוטלה וונטונס

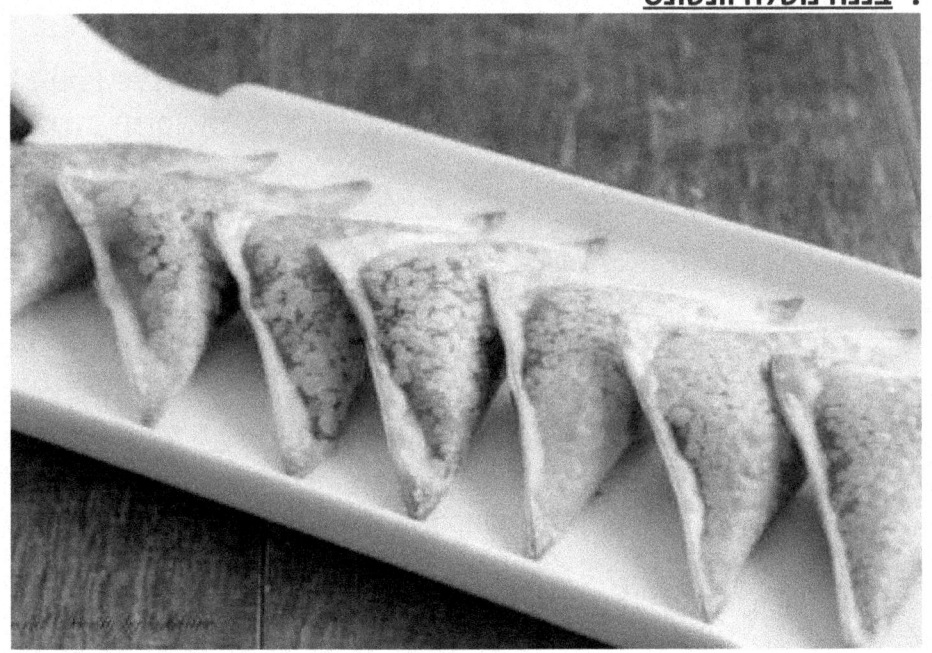

רכיבים

12 עטיפות וונטון
1 בננה, פרוסה
1/4 כוס נוטלה
אבקת סוכר לקישוט
הוראות הגעה:

מחממים תנור ל-350 מעלות צלזיוס.

הנח את עטיפות הוונטון על משטח ישר.

מורחים כמות קטנה של נוטלה במרכז כל עטיפה.

למעלה עם פרוסת בננה.

קפלו את עטיפת הוונטון לשניים באלכסון ולחץ על הקצוות כדי לאטום.

מניחים את הוונטונים על תבנית מרופדת בנייר אפייה.

אופים במשך 8-10 דקות, עד שהוונטונים פריכים וזהובים.

מפדרים באבקת סוכר ומגישים.

Wonton Breakfast Tacos .5

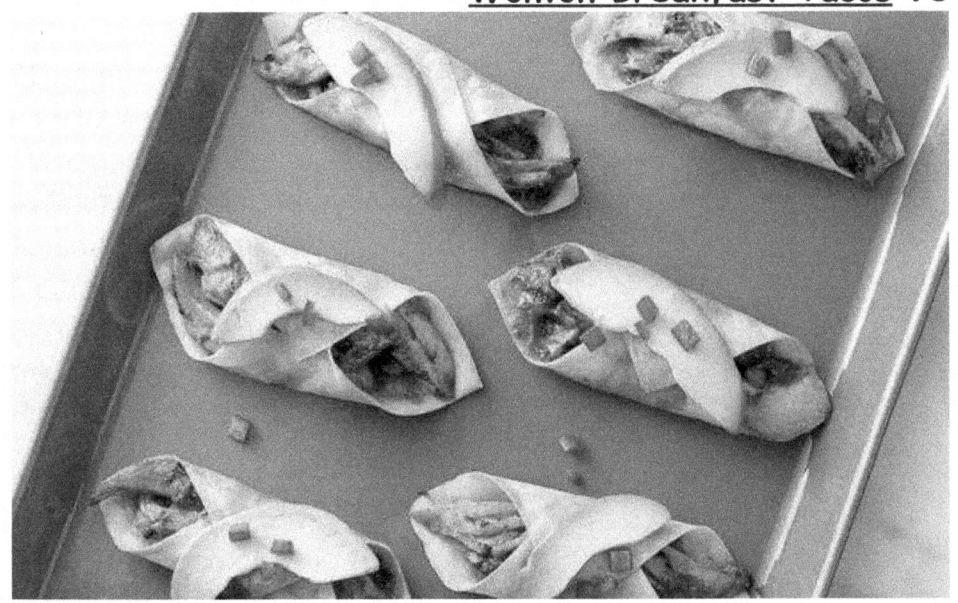

רכיבים

12 עטיפות וונטון
6 ביצים, מקושקשות
1/2 כוס שעועית שחורה, שטופה ומרוקנת
1/4 כוס גבינת צ'דר מגוררת
1 אבוקדו, חתוך לקוביות
2 כפות כוסברה טרייה קצוצה
מלח ופלפל לפי הטעם
סלסה להגשה
הוראות הגעה:

מחממים תנור ל-375 מעלות צלזיוס.

מרססים תבנית מאפינס בספריי בישול טפלון.

לוחצים עטיפת וונטון לכל כוס מאפין.

ממלאים כל כוס וונטון בביצים מקושקשות, שעועית שחורה וגבינת צ'דר מגוררת.

מתבלים במלח ופלפל.

אופים 15-20 דקות, עד שהוונטונים פריכים וזהובים.

מעל כל גביע וונטון עם אבוקדו חתוך לקוביות וכוסברה טרייה קצוצה.

מגישים עם סלסה.

6. <u>ונטון פרנץ' טוסט</u>

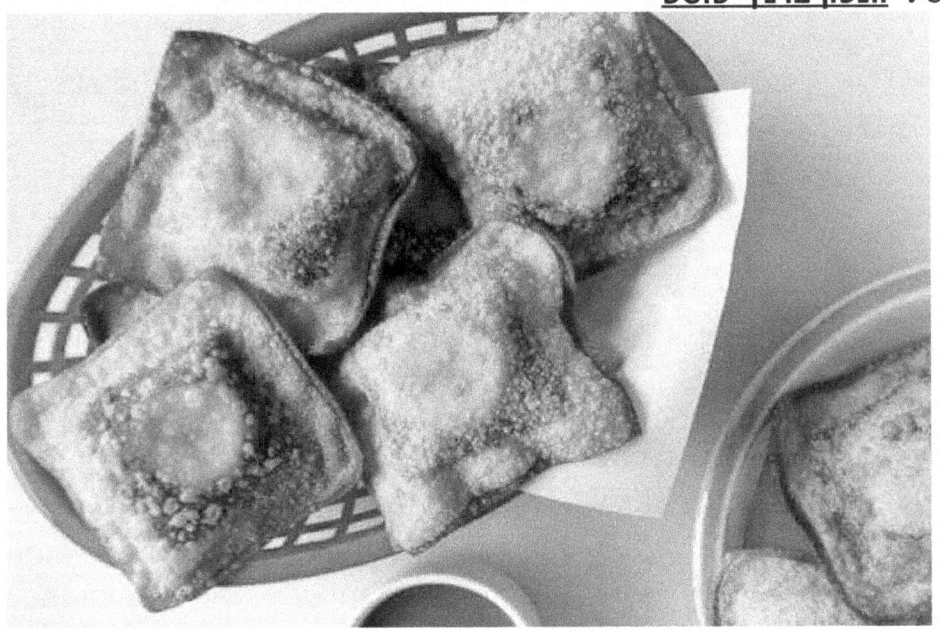

רכיבים

12 עטיפות וונטון
2 ביצים
1/2 כוס חלב
1 כפית תמצית וניל
1/2 כפית קינמון טחון
1/4 כפית אגוז מוסקט טחון
2 כפות חמאה ללא מלח
אבקת סוכר וסירופ מייפל להגשה
הוראות הגעה:

בצלחת רדודה טורפים יחד את הביצים, החלב, תמצית הווניל, הקינמון הטחון ואגוז מוסקט טחון.
2. ממיסים את החמאה במחבת טפלון על אש בינונית.

טובלים כל עטיפת וונטון בתערובת הביצים, תוך הקפדה על ציפוי שני הצדדים.

מניחים את עטיפות הוונטון במחבת ומבשלים עד להזהבה, כ-2-1 דקות לכל צד.

מגישים את הפרנץ' טוסט וונטון חם, מאובק באבקת סוכר ומוזלף בסירופ מייפל.

7. וונטונס נקניק וגבינה

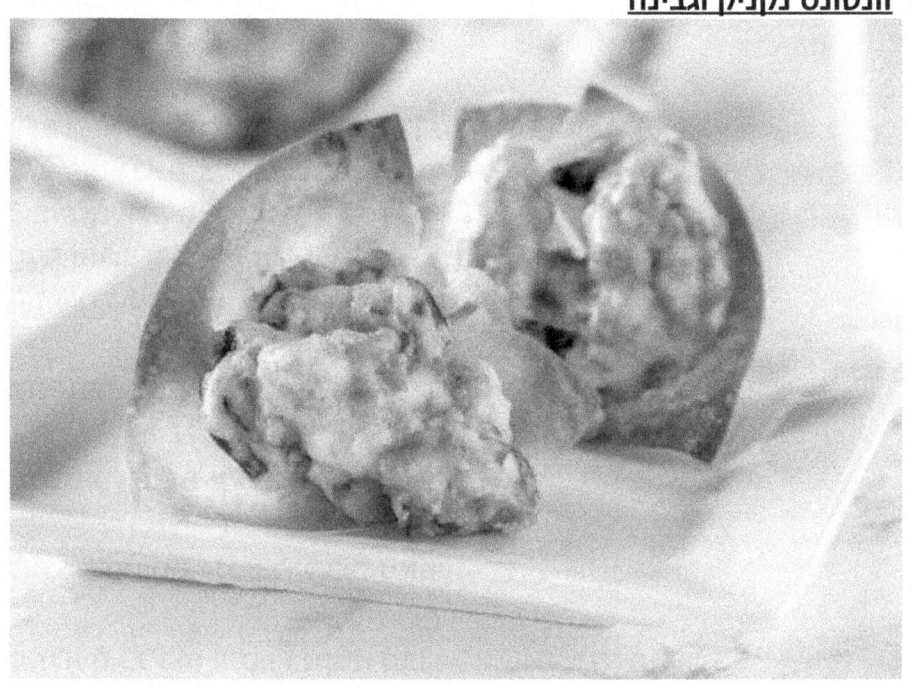

רכיבים

12 עטיפות וונטון
1/2 פאונד נקניקיית ארוחת בוקר, מבושלת ומפוררת
1/2 כוס גבינת צ'דר מגוררת
2 בצלים ירוקים, קצוצים
מלח ופלפל לפי הטעם
הוראות הגעה:

מחממים תנור ל-375 מעלות צלזיוס.

מרססים תבנית מאפינס בספריי בישול טפלון.

לוחצים עטיפת וונטון לכל כוס מאפין.

ממלאים כל כוס וונטון בנקניק מבושל וגבינת צ'דר מגוררת.

מתבלים במלח ופלפל.

אופים 15-20 דקות, עד שהוונטונים פריכים וזהובים.

מעל כל כוס וונטון בצל ירוק קצוץ ומגישים.

<u>Wonton Breakfast Pizza</u> .8

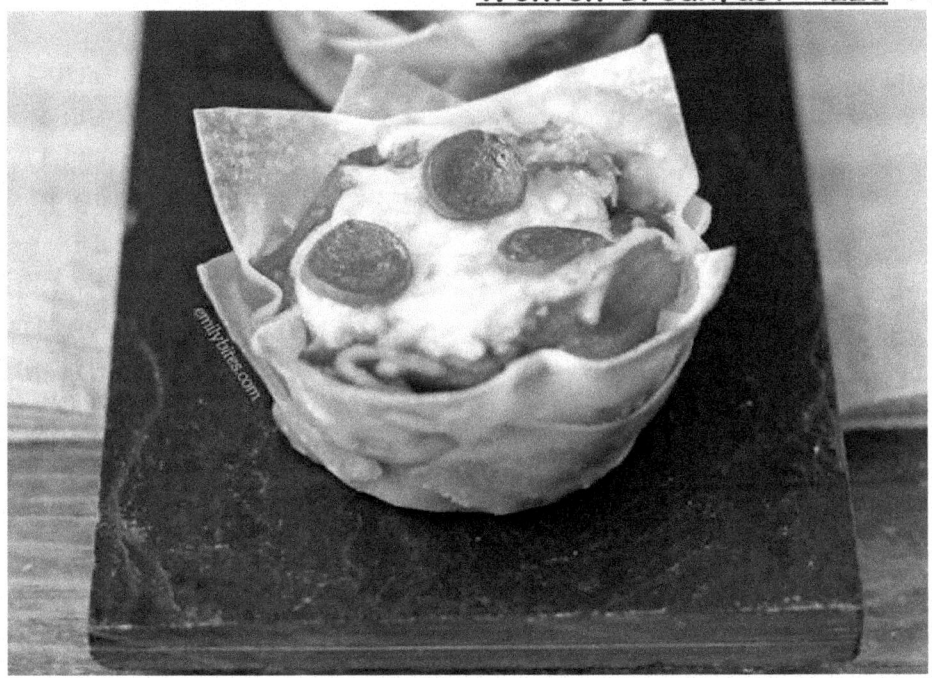

רכיבים

12 עטיפות וונטון
1/2 כוס רוטב פיצה
1/2 כוס גבינת מוצרלה מגוררת
4 פרוסות בייקון מבושלות ומפוררות
4 ביצים, מטוגנות
מלח ופלפל לפי הטעם
פטרוזיליה טרייה קצוצה לקישוט
הוראות הגעה:

מחממים תנור ל-375 מעלות צלזיוס.

מרססים נייר אפייה בספריי בישול נון-סטיק.

מניחים את עטיפות הוונטון על תבנית האפייה.

מורחים כמות קטנה של רוטב פיצה על כל עטיפה.

מפזרים מעל גבינת מוצרלה מגוררת.

מעל בייקון מבושל וביצה מטוגנת.

מתבלים במלח ופלפל.

אופים 10-12 דקות, עד שהגבינה נמסה ומבעבעת.

מקשטים בפטרוזיליה טרייה קצוצה ומגישים.

9. וונטון ארוחת בוקר שטרודל

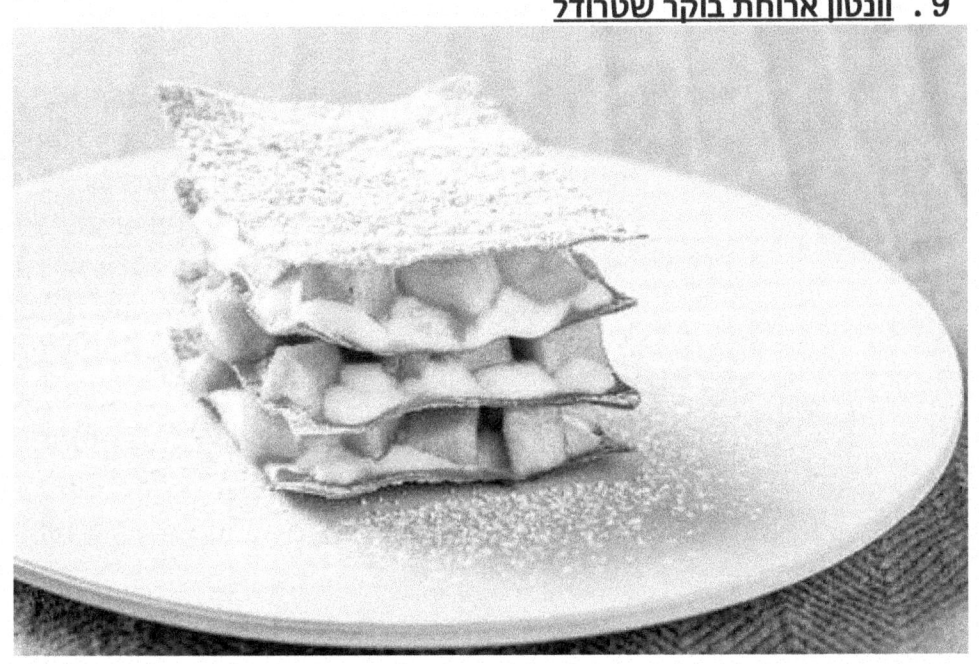

רכיבים

12 עטיפות וונטון
4 אונקיות גבינת שמנת, מרוככת
1/4 כוס ריבת תותים
1 ביצה, טרופה
1 כף מים
אבקת סוכר לקישוט
הוראות הגעה:

מחממים תנור ל-375 מעלות צלזיוס.

בקערה קטנה מערבבים יחד את גבינת השמנת וריבת התותים.

הנח את עטיפות הוונטון על משטח ישר.

מורחים כמות קטנה מתערובת גבינת השמנת על כל עטיפה.

קפלו את עטיפת הוונטון לשניים באלכסון ולחץ על הקצוות כדי לאטום.

בקערה נפרדת טורפים יחד את הביצה הטרופה והמים.

מברישים את הוונטונים בשטיפת הביצים.

אופים 15-20 דקות, עד שהוונטונים פריכים וזהובים.
מפדרים באבקת סוכר ומגישים.

10 . <u>קישי תרד ופטה וונטון</u>

רכיבים

12 עטיפות וונטון
4 ביצים
1/2 כוס חלב
1/2 כוס גבינת פטה מפוררת
1 כוס עלי תרד טריים, קצוצים
מלח ופלפל לפי הטעם
הוראות הגעה:

מחממים תנור ל-375 מעלות צלזיוס.
מרססים תבנית מאפינס בספריי בישול טפלון.
לוחצים עטיפת וונטון לכל כוס מאפין.
בקערה טורפים יחד את הביצים והחלב.
מערבבים פנימה את גבינת הפטה המפוררת ועלי התרד הקצוצים.
מתבלים במלח ופלפל.
יוצקים את תערובת הביצים לכוסות הוונטון.
אופים 15-20 דקות, עד שהקישים מתייצבים ומעליהם מזהיבים.

מגישים חם או בטמפרטורת החדר.

Wonton Breakfast Empanadas .11

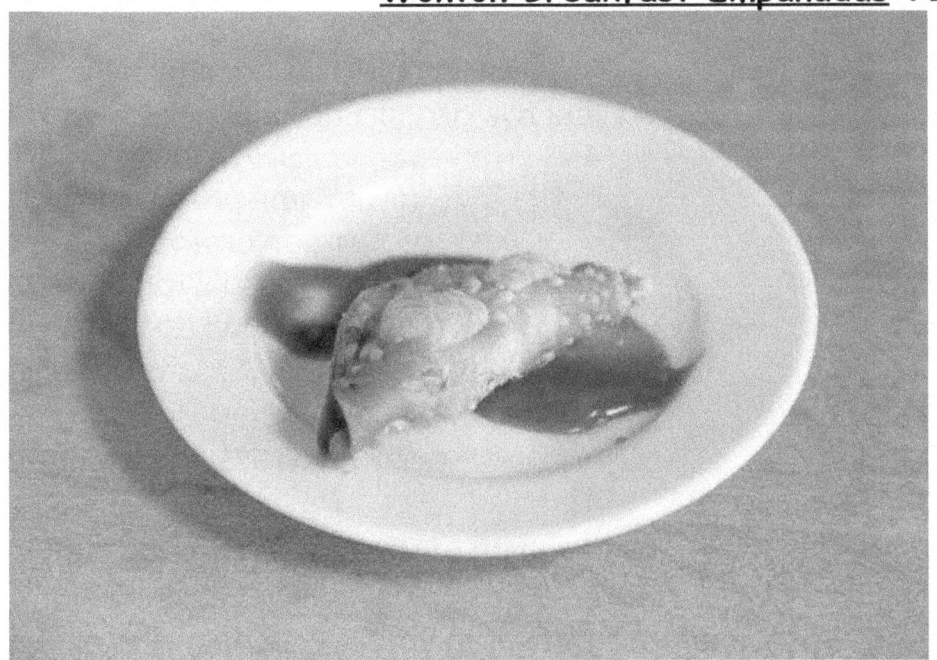

רכיבים

12 עטיפות וונטון
1/2 פאונד נקניקיית ארוחת בוקר, מבושלת ומפוררת
1/4 כוס בצל חתוך לקוביות
1/4 כוס פלפל ירוק חתוך לקוביות
1/4 כוס פלפל אדום חתוך לקוביות
1/4 כוס גבינת צ'דר מגוררת
מלח ופלפל לפי הטעם
הוראות הגעה:

מחממים תנור ל-375 מעלות צלזיוס.

מרססים נייר אפייה בספריי בישול נון-סטיק.

במחבת מטגנים את הבצל, הפלפל הירוק והפלפל האדום עד לריכוך.

מוסיפים את הנקניק המבושל למחבת ומערבבים לאיחוד.

הנח את עטיפות הוונטון על משטח ישר.

מורחים כמות קטנה מתערובת הנקניקיות על כל עטיפה.

מפזרים מעל גבינת צ'דר מגוררת.

מתבלים במלח ופלפל.

קפלו את עטיפת הוונטון לשניים באלכסון ולחץ על הקצוות כדי לאטום.

אופים 15-20 דקות, עד שהוונטונים פריכים וזהובים.
מגישים חם או בטמפרטורת החדר.

12 . גביעי חזיר וגבינה

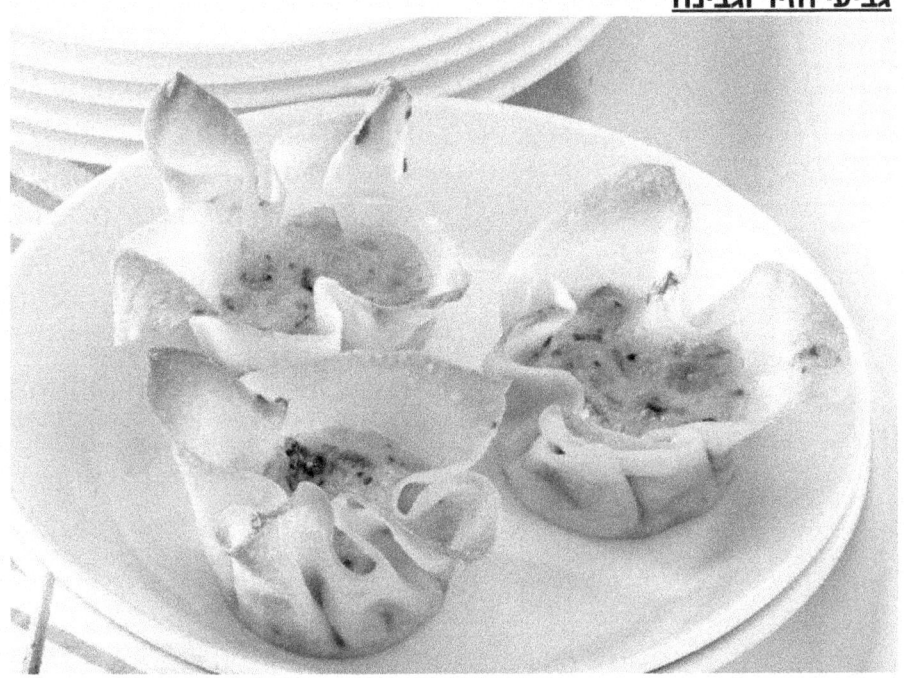

רכיבים

12 עטיפות וונטון
1/2 כוס בשר חזיר חתוך לקוביות
1/2 כוס גבינת צ'דר מגוררת
2 בצלים ירוקים, קצוצים
מלח ופלפל לפי הטעם
הוראות הגעה:

מחממים תנור ל-375 מעלות צלזיוס.

מרססים תבנית מאפינס בספריי בישול טפלון.

לוחצים עטיפת וונטון לכל כוס מאפין.

ממלאים כל כוס וונטון בקוביות חזיר וגבינת צ'דר מגוררת.

מתבלים במלח ופלפל.

אופים 15-20 דקות, עד שהוונטונים פריכים וזהובים.

מעל כל כוס וונטון בצל ירוק קצוץ ומגישים.

13. נקניק וביצה וונטון ביס

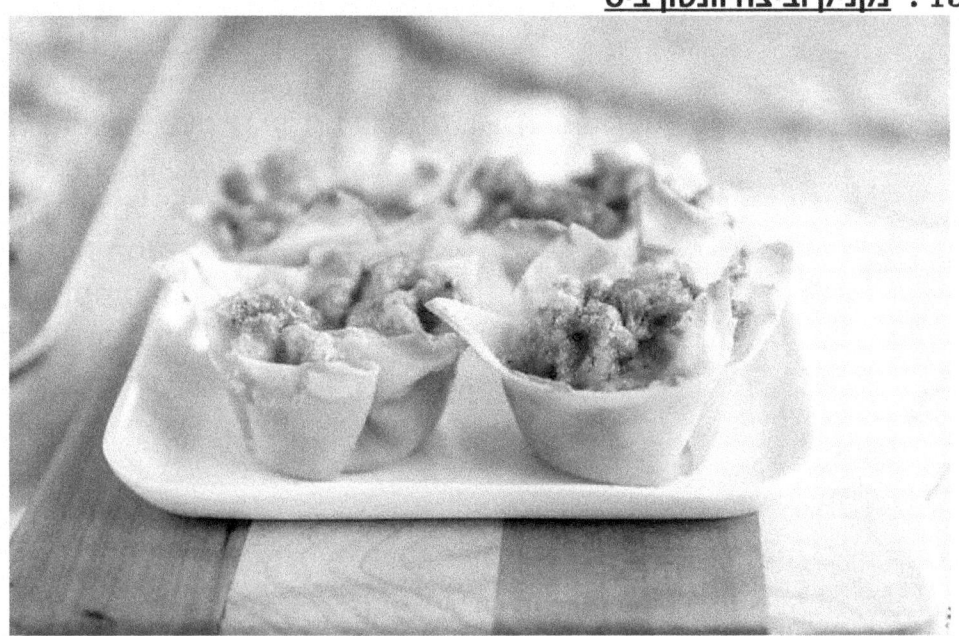

רכיבים

12 עטיפות וונטון
1/2 פאונד נקניקיית ארוחת בוקר, מבושלת ומפוררת
4 ביצים, מקושקשות
מלח ופלפל לפי הטעם
הוראות הגעה:
1.מחממים תנור ל-375 מעלות צלזיוס.
2. מרססים תבנית מיני מאפינס בספריי בישול טפלון.

חותכים כל עטיפת וונטון לרבעים.

לוחצים רבע עטיפת וונטון לתוך כל כוס מיני מאפינס.

ממלאים כל כוס וונטון בנקניק מבושל וביצים מקושקשות.

מתבלים במלח ופלפל.

אופים במשך 12-15 דקות, עד שהוונטונים פריכים וזהובים.

מגישים חם או בטמפרטורת החדר.

14. כוסות אבוקדו וביצים

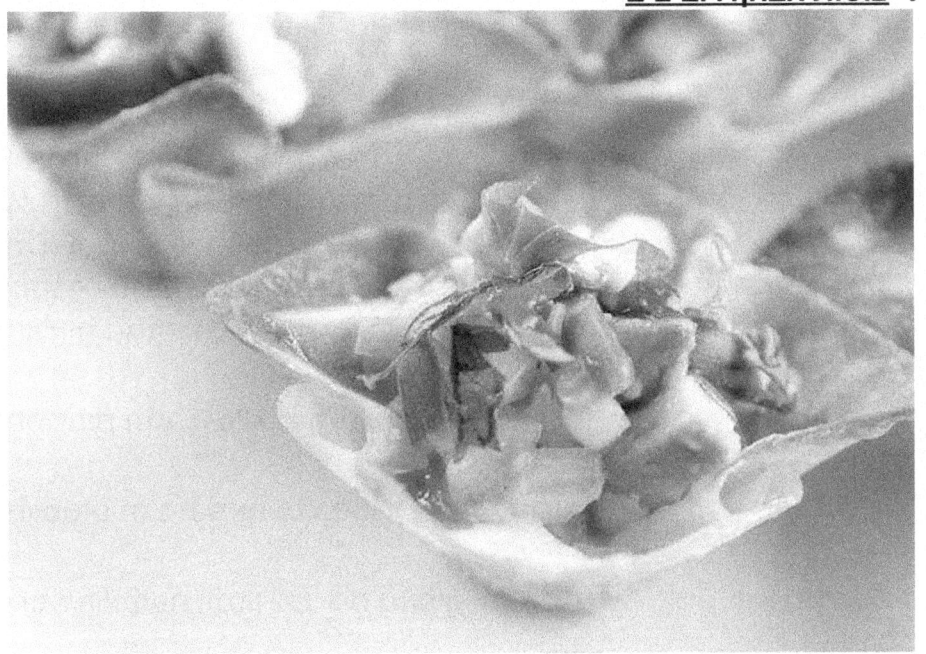

רכיבים

12 עטיפות וונטון
2 אבוקדו בשל
4 ביצים, מקושקשות
1/4 כוס בצל אדום חתוך לקוביות
מלח ופלפל לפי הטעם
כוסברה טרייה קצוצה לקישוט
הוראות הגעה:

מחממים תנור ל-375 מעלות צלזיוס.

מרססים תבנית מאפינס בספריי בישול טפלון.

לוחצים עטיפת וונטון לכל כוס מאפין.

מועכים את האבוקדו בקערה עם מזלג.

ממלאים כל גביע וונטון באבוקדו מרוסק.

מעל ביצים טרופות ובצל אדום חתוך לקוביות.

מתבלים במלח ופלפל.

אופים 15-20 דקות, עד שהוונטונים פריכים וזהובים.

מקשטים בכוסברה טרייה קצוצה ומגישים.

15. וונטון ארוחת בוקר בוריטוס

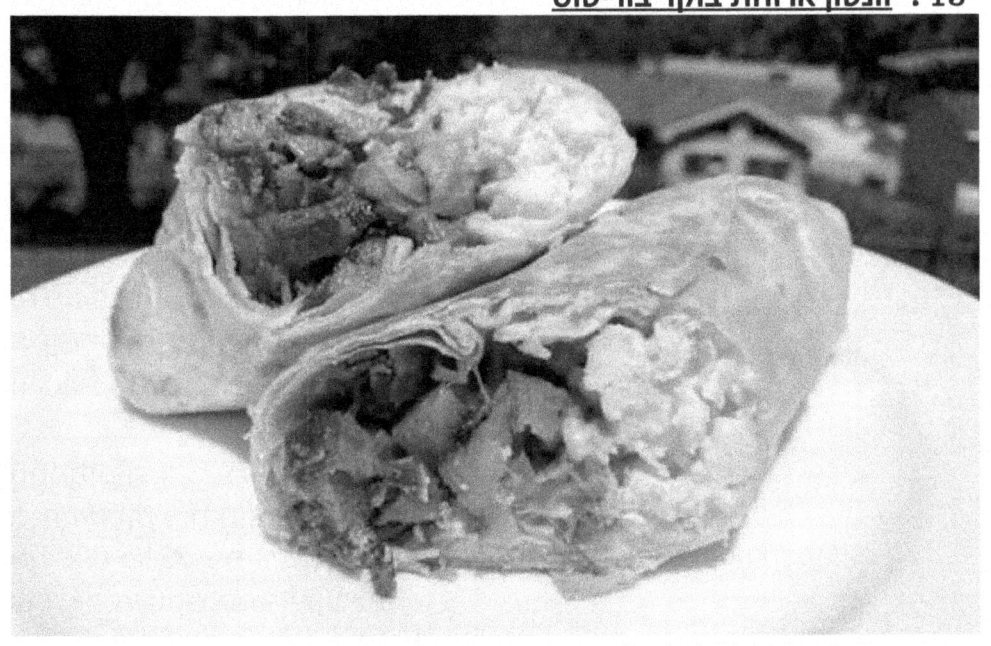

רכיבים

12 עטיפות וונטון
6 ביצים, מקושקשות
1/2 כוס שעועית שחורה מבושלת
1/2 כוס עגבניות חתוכות לקוביות
1/2 כוס אבוקדו חתוך לקוביות
1/4 כוס כוסברה טרייה קצוצה
מלח ופלפל לפי הטעם
הוראות הגעה:

מחממים תנור ל-375 מעלות צלזיוס.
הנח את עטיפות הוונטון על משטח ישר.
ממלאים כל עטיפת וונטון בביצים מקושקשות, שעועית שחורה, קוביות עגבנייה ואבוקדו חתוך לקוביות.
מפזרים מלמעלה כוסברה טרייה קצוצה.
מתבלים במלח ופלפל.
מקפלים את עטיפת הוונטון לצורת בוריטו ולוחצים על הקצוות לאטימה.
מניחים את בוריטוס וונטון על תבנית מרופדת בנייר אפייה.
8. אופים 12-15 דקות, עד שהוונטונים פריכים ומזהיבים. מגישים חם או בטמפרטורת החדר.

16. כוסות וונטון ירקות וגבינות

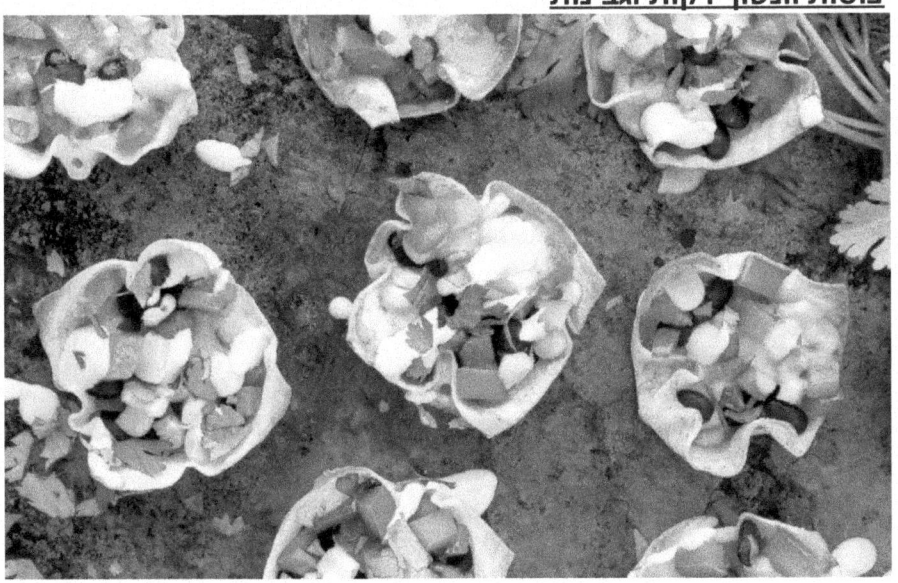

רכיבים

12 עטיפות וונטון
1/2 כוס פרחי ברוקולי קצוצים
1/2 כוס פלפל אדום קצוץ
1/2 כוס גבינת צ'דר מגוררת
1/4 כוס בצל אדום חתוך לקוביות
מלח ופלפל לפי הטעם
הוראות הגעה:

מחממים תנור ל-375 מעלות צלזיוס.

מרססים תבנית מאפינס בספריי בישול טפלון.

לוחצים עטיפת וונטון לכל כוס מאפין.

ממלאים כל כוס וונטון בברוקולי קצוץ ופלפל אדום.

מעל גבינת צ'דר מגוררת ובצל אדום חתוך לקוביות.

מתבלים במלח ופלפל.

אופים 15-20 דקות, עד שהוונטונים פריכים וזהובים.

מגישים חם או בטמפרטורת החדר.

חטיפים ומנות ראשונות

17. וונטון סמבוסה

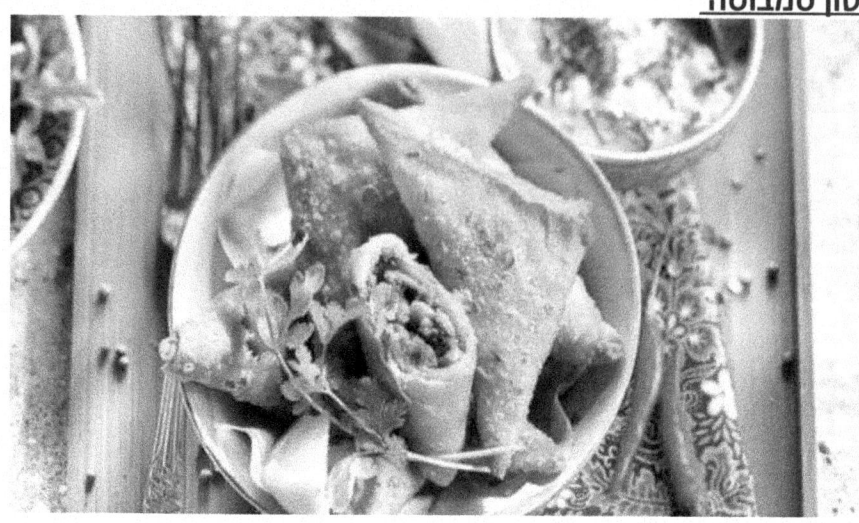

תפוקה: 16 מאפים

מַרְכִּיב

- 1 כוס עדשים חומות
- ½ כפית קאיין
- 1 כוס מים
- 1 כפית קינמון
- ½ כוס פלפל ירוק חתוך לקוביות
- ¾ כוס בצל קצוץ דק
- מלח ופלפל שחור גרוס לפי הטעם
- 2 שיני שום; טָחוּן
- 3 כפות שמן זית
- 8 עטיפות וונטון
- 2 כפיות פפריקה הונגרית מתוקה
- 1 חלמון ביצה טרופה בכף
- מים
- 1 כפית שורש ג'ינג'ר טרי קלוף מגורר
- 1 כפית זרעי כוסברה טחונים
- שמן לטיגון עמוק

a) שוטפים את העדשים ומביאים לרתיחה במים. מנמיכים את האש, מכסים ומבשלים במשך 45 דקות. בינתיים מטגנים את הבצל והשום בשמן הזית עד שהבצל שקוף. מוסיפים את התבלינים והפלפלים הירוקים הקצוצים ומבשלים, מכוסה, במשך 3 דקות, תוך ערבוב לעתים קרובות. מסירים את המחבת מהאש.

b) כשהעדשים רכות, משלבים אותן עם הירקות המוקפצים. מתבלים במלח ופלפל.

c) חותכים את עטיפות הוונטון לשניים ליצירת מלבנים. מניחים עטיפה אנכית על משטח שטוח ומברישים אותה בתערובת הביצים הטרופה. שמים כף מעוגלת מהמילוי בקצה התחתון של אחד המלבנים. מקפלים את הפינה השמאלית התחתונה למעלה ומעל את המילוי עד שהוא פוגש את הקצה הימני של העטיפה ויוצר משולש. לאחר מכן, הפוך את המשולש המלא למעלה ולמעלה, מקפל לאורך הקצה העליון שלו. לאחר מכן קפלו אותו שמאלה באלכסון. המשיכו לקפל עד שתגיעו לקצה העטיפה ויצרו חבילה משולשת מסודרת.

d) חזור על תהליך זה עם מלבני עטיפת וונטון האחרים. מטגנים כל מאפה עמוק עד להזהבה ב-2 או 3 אינצ'ים של שמן שחומם ל-360F. אפשר לשמור את הסמבוסים המטוגנים בתנור חם עד שכולן מוכנות ומוכנות להגשה. סמבוסה מומלץ לאכול חם.

18. סרטן רגון

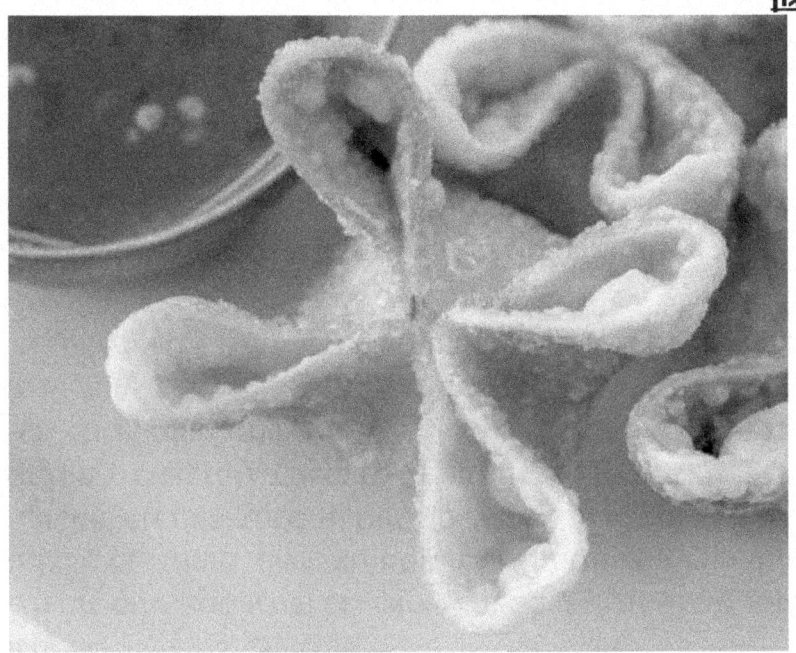

- 1 או 2 חבילות (8 אונקיות) גבינת נויפשאטל, מרוככת (או גבינת שמנת). הכמות מבוססת על כמה "צ'יזי" אתה מעדיף.
- 1 קופסת (6 אונקיות) בשר סרטנים, סחוט ופתיתים 2 בצלים ירוקים כולל צמרות, פרוסות דק
- 1 שן שום, קצוצה
- כפיות רוטב ווסטרשייר 1/2 כפית רוטב סויה לייט
- חבילה אחת (48 ספירה) ציפוי ירקות של Wonton skins

a) מילוי: בקערה בינונית, מערבבים את כל המרכיבים מלבד עורות וונטון וציפוי ספריי; מערבבים עד לקבלת תערובת אחידה.
b) כדי למנוע מעור וונטון להתייבש, הכינו רנגון אחד או שניים בכל פעם. מניחים 1 כפית מילוי במרכז כל עור וונטון.
c) להרטיב את הקצוות במים; מקפלים לשניים ליצירת משולש, לוחצים על הקצוות כדי לאטום. משוך את הפינות התחתונות למטה וחופפים מעט; להרטיב פינה אחת ולחצו כדי לאטום. מרססים קלות תבנית עם ציפוי ירקות.
d) מסדרים את רנגון על היריעה ומרססים קלות לציפוי. אופים ב-425
e) דרגת פרנהייט מעל למשך 12 עד 15 דקות, או עד להזהבה. מגישים חם עם רוטב חמוץ מתוק או רוטב חרדל.

19 . <u>כוסות תרד וארטישוק חמות</u>

- 24 עטיפות וונטון
- 1 קופסת (14 אונקיות) לבבות ארטישוק, מסוננים, קצוצים דק
- 1 כוס גבינת מוצרלה מגוררת KRAFT
- 1 יח'. (10 אונקיות) תרד קצוץ קפוא, מופשר, סחוט יבש
- 1/3 כוס KRAFT Mayo עם מיונז מופחת שומן שמן זית
- 1/3 כוס גבינת פרמזן מגורדת KRAFT
- 1/4 כוס פלפלים אדומים קצוצים דק
- 2 שיני שום, קצוצות

a) חום מעל שניים 350
b) הנח עטיפת וונטון אחת בכל אחת מ-24 כוסות מיני מאפינס המרוססות בתרסיס בישול, באשר קצוות העטיפה משתרעים על גבי הכוס. אופים 5 דקות. בינתיים מערבבים את שאר החומרים.
c) כפית תערובת ארטישוק לתוך כוסות וונטון.
d) אופים 12 עד 14 דקות. או עד שהמילוי מחומם ושולי הכוסות מזהיבים.

20. Wonton Nachos האיטלקי

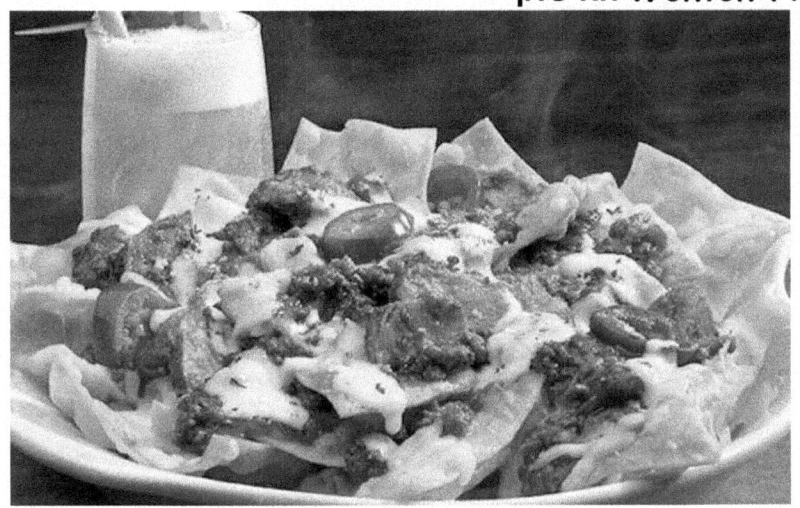

עושה: 1

רכיבים

רוטב אלפרדו

- 1 כוס חצי וחצי
- 1 כוס קרם כבד
- 2 כפות חמאה ללא מלח
- 2 שיני שום קצוצות
- ½ כוס פרמזן
- מלח ופלפל
- 2 כפות קמח

נאצ'וס

- עטיפות וונטון חתוכות למשולשים
- 1 עוף מבושל ומגורר
- פלפלים מוקפצים
- גבינת מוצרלה
- זיתים
- פטרוזיליה קצוצה
- גבינת פרמזן
- שמן לטיגון בוטנים או קנולה

הוראות

a) מוסיפים את החמאה ללא מלח לסיר וממיסים על אש בינונית.
b) מערבבים פנימה את השום עד שכל החמאה נמסה.
c) מוסיפים את הקמח במהירות ומקציפים כל הזמן עד שהוא מתגבש ומזהיב.
d) בקערת ערבוב מערבבים את השמנת הכבדה וחצי-חצי.
e) מביאים לרתיחה, ואז מנמיכים לאש קטנה ומבשלים 8-10 דקות, או עד שמסמיך.
f) מתבלים במלח ופלפל.
g) וונטונס: מחממים את השמן במחבת גדולה על אש בינונית גבוהה, בערך ⅓ מהדרך למעלה.
h) מוסיפים את הוונטונים בזה אחר זה ומחממים עד שהם בקושי מזהיבים בתחתית, ואז הופכים ומבשלים את הצד השני.
i) מניחים מגבת נייר מעל הניקוז.

j) מחממים את התנור ל-350 מעלות צלזיוס ומרפדים תבנית בנייר אפייה, ואחריו הוונטונים.

k) מוסיפים מעל רוטב אלפרדו, עוף, פלפלים וגבינת מוצרלה.

l) מניחים מתחת לפטם בתנור למשך 5-8 דקות, או עד שהגבינה נמסה היטב.

m) מוציאים מהתנור ומעליהם זיתים, פרמזן ופטרוזיליה.

21. וונטונים ירקות מטוגנים

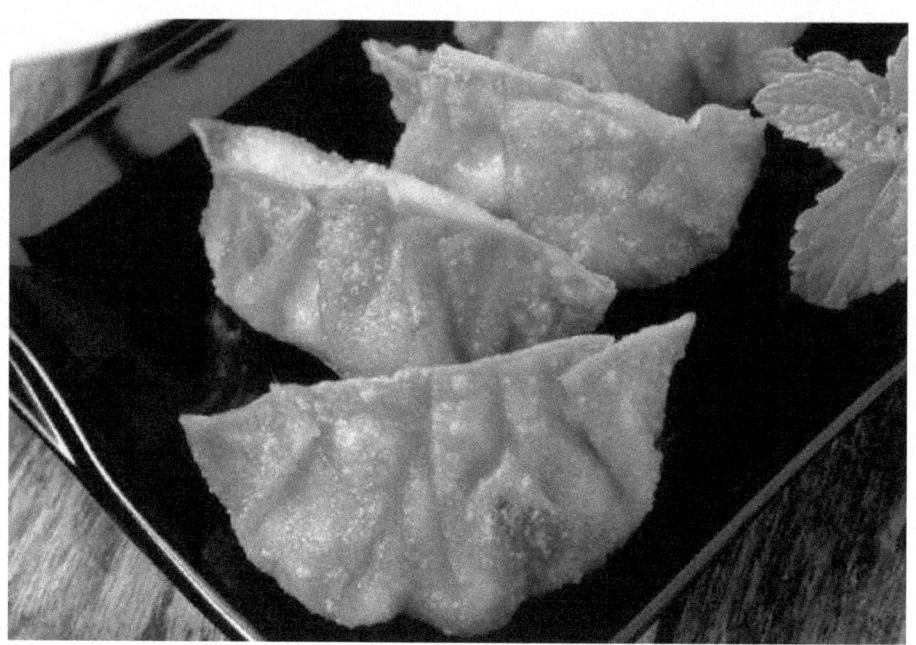

מייצר: 16 וונטון

רכיבים

- ¼ כוס גזר קצוץ דק
- ¼ כוס טופו קצוץ דק במיוחד
- ¼ כוס פטריות שיטאקי קצוצות דק
- ½ כוס כרוב קצוץ דק
- 1 כף שום טחון
- 1 כפית ג'ינג'ר טחון מיובש
- ¼ כפית פלפל לבן
- 2 כפיות רוטב סויה, מחולק
- 1 כפית שמן שומשום
- 2 כפיות עמילן תפוחי אדמה או עמילן תירס
- 16 עטיפות וונטון
- 1 עד 2 זילוף שמן קנולה או שמן זית כתית מעולה
- רוטב סויה חריף

הוראות

a) בקערה גדולה מערבבים את הגזר, הטופו, הפטריות, הכרוב, השום, הג'ינג'ר, הפלפל הלבן וכפית אחת מרוטב הסויה.

b) בקערה קטנה, מערבבים את 1 כפית רוטב סויה שנותרה, שמן שומשום ועמילן תפוחי אדמה. מקציפים עד שהעמילן מתאחד לחלוטין. יוצקים על הטופו והירקות ומערבבים היטב בעזרת הידיים.

c) הנח קערת מים קטנה ליד משטח העבודה שלך כדי להכין את הכיסונים. הניחו עטיפה שטוחה של וונטון, הרטיבו את הצדדים במים בעזרת האצבע והניחו כף אחת מהמילוי במרכז. משוך את כל 4 הפינות של העטיפה למעלה ולמרכז וצבוט אותן יחד. שים את הוונטונים בסל הטיגון האוויר. חזור על תהליך זה, הפוך בסך הכל 16 וונטונים. מפזרים את הוונטונים בשמן הקנולה. מבשלים בחום של 360 מעלות צלזיוס במשך 6 דקות, תוך כדי ניעור באמצע זמן הבישול.

d) מעבירים את הוונטונים המטוגנים לצלחת ומגישים עם רוטב הטבילה.

22. קנולי דל שומן עם רוטב פטל

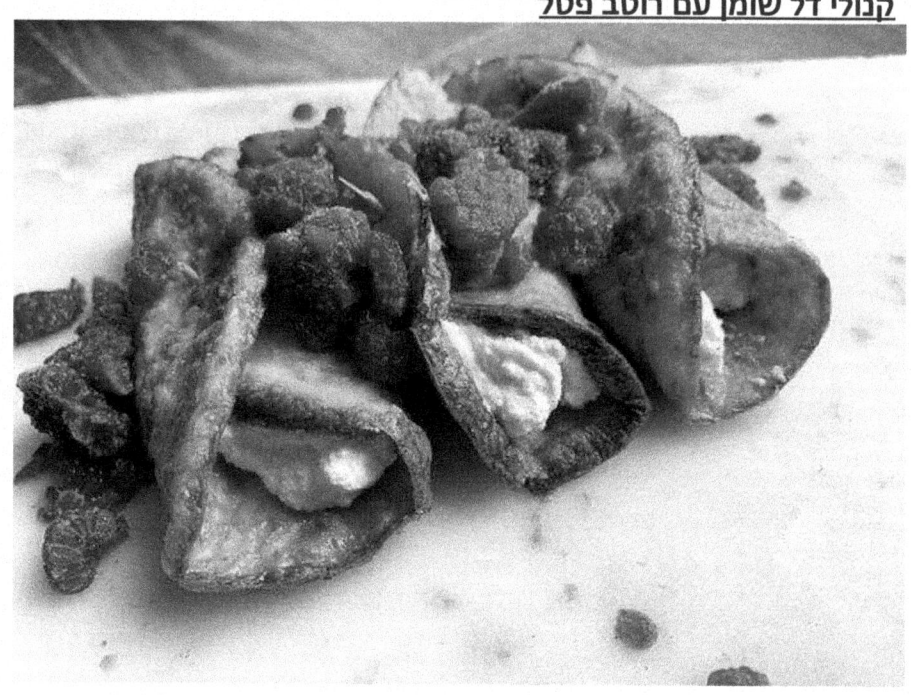

מכינה: 6 מנות

רכיבים
- 2 מיכלים; (15 אונקיות) גבינת ריקוטה ללא שומן
- 12 וונטונים; (4 אינץ') עטיפות
- ספריי בישול בטעם חמאה
- 1 כפית עמילן תירס מומס ב 1 כפית מים; (להדבקה)
- 6 כפות סוכר
- ½ כפית תמצית וניל
- ¼ כפית תמצית שקדים
- 3 כוסות פטל טרי
- 2 כפות סוכר קונדיטורים; עד 4
- 2 כפיות גרידת לימון
- 1 כף קצוץ; אגוזי פיסטוק קלויים קלות

הוראות
a) מסננים את הריקוטה 6 עד 8 שעות
b) מחממים תנור ל-400 מעלות F. מרססים קלות 12 צינורות קנולי בספריי בישול. החל בפינות, עטוף וונטונים סביב צינורות. מדביקים עם משחת טפטוף או עמילן תירס. מרססים קלות את החלק החיצוני של הקנולי. מניחים על תבנית עם נייר אפייה ואופים עד להזהבה ופריכה, כ-4 עד 6 דקות. מניחים להתקרר מעט, ואז מחליקים את המאפה מהצינורות. מצננים על רשת.
c) מילוי: בקערה גדולה טורפים ריקוטה, סוכר ותמציות. מניחים בצד או מעבירים לשקית מאפה מצוידת ב-½-in. טיפ כוכב.
d) רוטב: טוחנים פטל במעבד מזון. מסננים את המחית דרך מסננת לתוך קערה. להקציף פנימה סוכר וגרידת לימון של קונדיטורים. (ניתן להכין את המתכון מספר שעות מראש עד לשלב זה.) 5. בעזרת שקית מאפה או כפית, מכניסים ¼ ג' תערובת לכל קליפה. מפזרים קצוות פיסטוקים קצוצים.
e) להגשה, מצקת רוטב פטל על צלחות קינוח.
f) מניחים 2 קנולי על כל צלחת על גבי רוטב פטל ומגישים מיד.

23 . קנולי וונטון

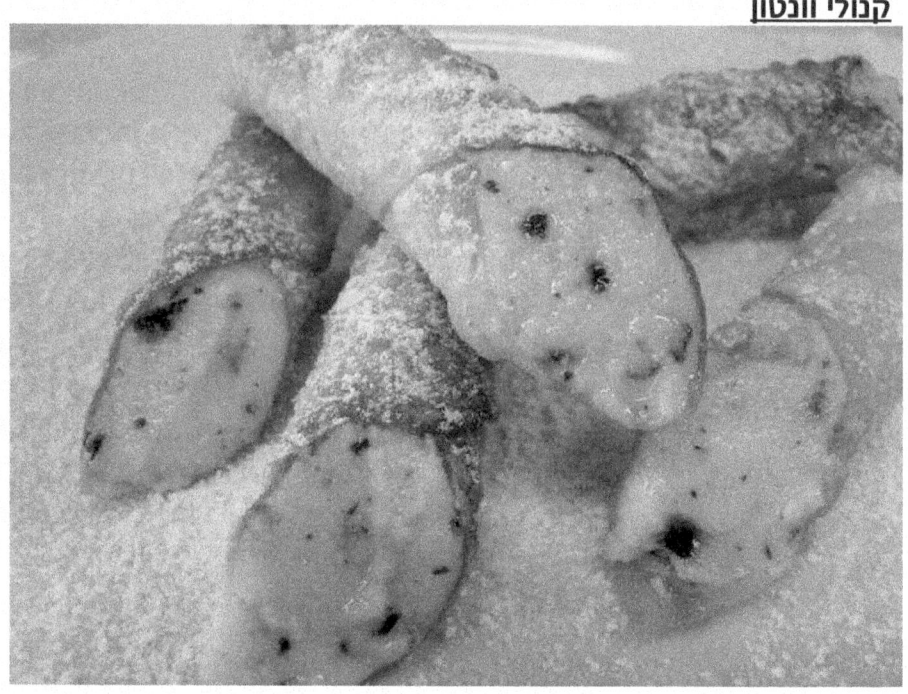

מכינה: 4 מנות

רכיבים

24 סקינים של וונטון

שמן בוטנים לטיגון עמוק

פיסטוק טחון גס ללא מלח

סובר קונדיטורים נוסף

ענפי נענע

מילוי:

1 פאונד. גבינת ריקוטה דלת שומן, טרופה חלקה

½ ג' סובר קונדיטורים מנופה

1 כפית תמצית וניל טהורה

⅓ c שוקולד חצי מתוק מגולח

הוראות

a) מחממים שמן בטיגון עמוק ל-375. עובדים עם 6 קליפות וונטון בשעה.

b) שמור את השאר עטוף היטב בנייר שעווה ומעטף במגבת לחה מעט. מניחים עור וונטון על משטח העבודה ומניחים צינור קנולי באלכסון לרוחבו. אם אין לכם צינור קנולי, יוצרים צינור עם מעט רדיד אלומיניום. העלה את צידי העור מעל הצינור. אטום טיפים חופפים במעט מים. יוצרים עורות וונטון סביב 5 הצינורות הנותרים. מבשלים, 2 צינורות בכל פעם, עם התפר כלפי מטה בשמן חם, במשך 30 שניות או רק עד להזהבה. מוציאים בעזרת מלקחיים ומסננים על נייר סופג. כשהקליפות עדיין חמות, דחפו אותן בעדינות מהצינורות בעזרת מרית מתכת קטנה ואצבעותיכם.

c) חזור על הפעולה עם שאר העורות והקפד שהצינורות מתקררים לחלוטין לפני שעוטפים אותם בעור.

מילוי:

d) מערבבים ריקוטה, סובר קונדיטורים, וניל ושוקולד.

e) מכסים ומצננים במשך שעתיים או לילה. להגשה: כף מילוי לקליפות קנולי. שקית מאפה תעזור באן מאוד, או חתוך פינה משקית סנדוויץ' וסוחט ממנה את התערובת. טובלים כל קצה של מילוי בפיסטוקים. מסדרים על צלחת הגשה. מנפים מעל כל סובר נוסף ומקשטים בענפי נענע.

24 . שבבי שומשום וונטון שחור

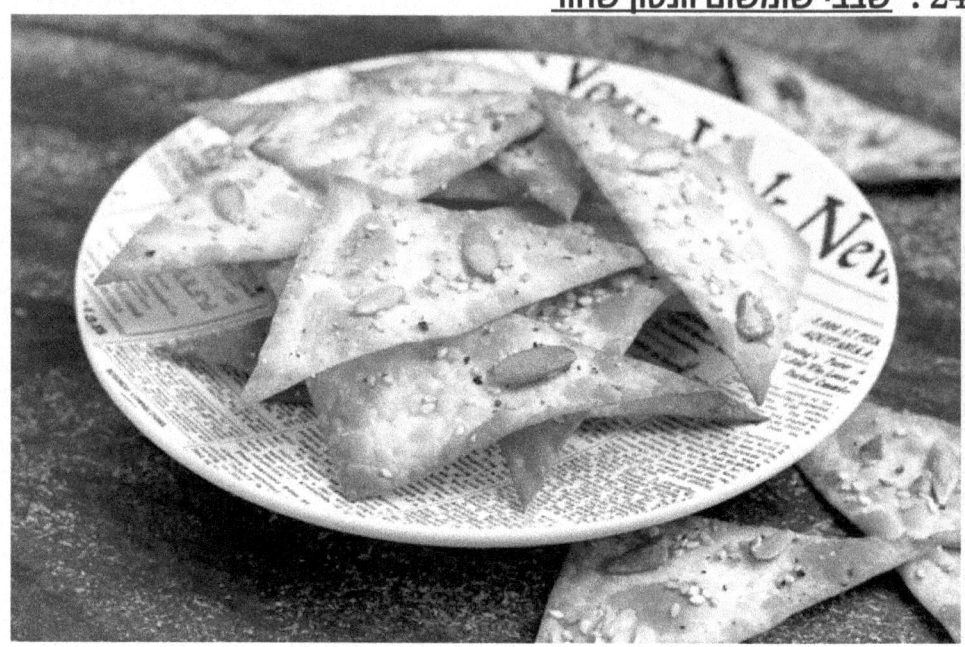

עושה 24 צ'יפס

12🕐 עטיפות וונטון טבעוניות
🕐שמן שומשום קלוי
1/3 🕐 כוס שומשום שחור
🕐 מלח

מחממים את התנור ל-450 מעלות צלזיוס. משמנים קלות נייר אפייה ומניחים בצד. חותכים את עטיפות הוונטון לשניים לרוחב, מברישים אותן בשמן שומשום ומסדרים אותן בשכבה אחת על תבנית האפייה המוכנה.

מפזרים את עטיפות הוונטון עם השומשום והמלח לפי הטעם, ואופים עד שהם פריכים וזהובים, 5 עד 7 דקות. מצננים לחלוטין לפני ההגשה. מומלץ לאכול אותם ביום הכנתם, אך לאחר שהתקררו, ניתן לכסות אותם ולאחסן אותם בטמפרטורת החדר למשך יום עד יומיים.

25 . מדבקות סיר חם ומתובל

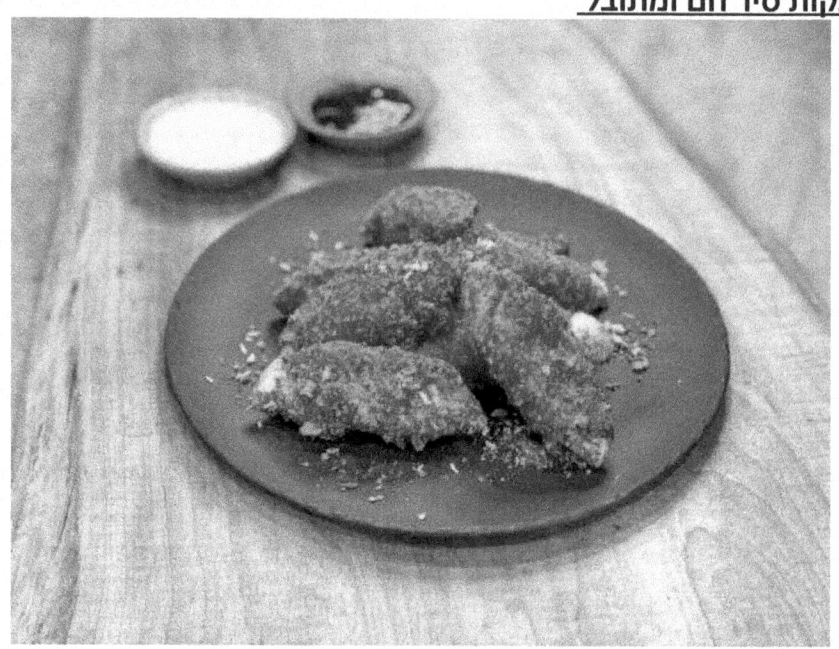

מייצר: 18 עד 20 מדבקות סיר

רכיבים

שמן בוטנים צ'ילי

- ½ כוס שמן שומשום
- 1 שן שום, מרוסקת
- 2 כפות בוטנים חיים
- 1 כף שומשום גולמי
- 1 עד 2 כפות פתיתי פלפל אדום כתוש
- 1 כפית מלח כשר

מדבקות סיר

- 4 כפות שמן שומשום
- חתיכה אחת (1 אינץ') של ג'ינג'ר טרי, קלופה ומגורדת
- 2 שיני שום, מגורדות
- 4 כוסות ירקות מעורבים קצוצים
- 2 כפות רוטב סויה דל נתרן
- 2 כפות בצל ירוק קצוץ
- 18 עד 20 עטיפות וונטון
- ⅓ כוס שומשום גולמי

הוראות הגעה

a) מכינים את שמן הצ'ילי. מערבבים בסיר קטן את שמן השומשום, השום, הבוטנים והשומשום. מניחים על אש בינונית ומבשלים, תוך ערבוב, עד ריחני, כ-5 דקות. מסירים את המחבת מהאש ומערבבים פנימה את פתיתי הפלפל האדום. קל מצנן מעט. מעבירים את התערובת למעבד מזון ומקציפים עד שהבוטנים טחונים דק, 30 שניות עד דקה. מוסיפים מלח ומערבבים שוב לאיחוד.

b) מכינים את המילוי. מחממים 1 כף משמן השומשום במחבת גדולה על אש בינונית-גבוהה. כשהשמן מנצנץ, מוסיפים את הג'ינג'ר, השום והירקות ומאדים תוך כדי ערבוב עד שהירקות מבושלים, 5 עד 10 דקות. מוסיפים את רוטב הסויה והבצל הירוק ומבשלים עד שכל הנוזלים מתאדים, 2 עד 3 דקות נוספות. מסירים את המחבת מהאש ונותנים לה להתקרר.

c) מרכיבים את מדבקות הסיר. הניחו את עטיפות הוונטון על משטח עבודה נקי. עובדים עם אחד בכל פעם, כפית 1 כף מילוי על המרכז. מברישים מים סביב הקצוות, ואז מקפלים את העטיפה על המילוי ליצירת חצי ירח,

מצמידים את הקצוות יחד כדי לאטום. חוזרים על הפעולה עם שאר המילוי
והעטיפות.

d) מניחים את השומשום בקערה רדודה. מברישים את תחתית המדבקות של
הסיר במים ואז חוררים אותם בשומשום, לוחצים כדי להידבק.

e) מנגבים את המחבת המשמשת להכנת המילוי ומחממים את 3 כפות שמן
השומשום הנותרות על אש בינונית.

f) עובדים בקבוצות, כשהשמן מנצנץ, מוסיפים כמה מדבקות לסיר ומבשלים
עד שהתחתיות מזהיבות בהיר, 2 עד 3 דקות. יוצקים פנימה ¼ כוס מים
ומיד מכסים את המחבת במכסה הדוק. זהירות: לעמוד מאחור; המים יתיזו!
מנמיכים את האש לבינונית-נמוכה ומאדים את מדבקות הסיר עד
שהעטיפות מתרככות כולה, 3 עד 4 דקות. חזור על הפעולה עם מדבקות
הסיר שנותרו.

g) מצננים ומגישים עם שמן הצ'ילי לצד לטבילה.

26. מדבקות סיר יפניות

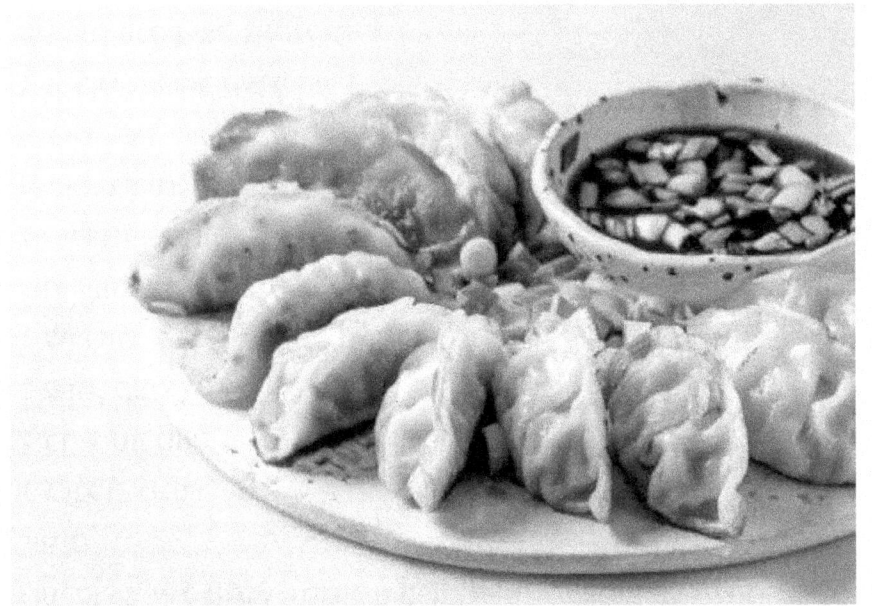

רכיבים

- עטיפות וונטון של 1 אונקיה
- 1 ½ כוסות כרוב קצוץ
- ½ כוס. בצל ירוק קצוץ
- ¼ כוס. גזרים. קצוץ
- 1 קילו חזיר טחון
- שמן שומשום
- 1 שן שום
- 1 שום, קצוץ דק
- 1 כף רוטב סויה
- 1 ג'ינג'ר, מגורר

כיוונים

a) מערבבים את החזיר, הגזר, הכרוב, שמן השומשום, השום, רוטב הסויה והג'ינג'ר עד שהם נטמעים היטב.

b) מורחים את עטיפות הוונטון על משטח מקומח

c) גורפים כף מילוי במרכז כל עטיפה

d) מרטיבים את העטיפות במים ומקפלים כל אחת לעיטוף

e) לצבוט את הקצוות כדי ליצור תבנית

f) מניחים כופתאות בשמן מחומם ומטגנים עד להזהבה או מבשלים בסיר אידוי

27 . <u>עטיפות עוף אביביות גבינות</u>

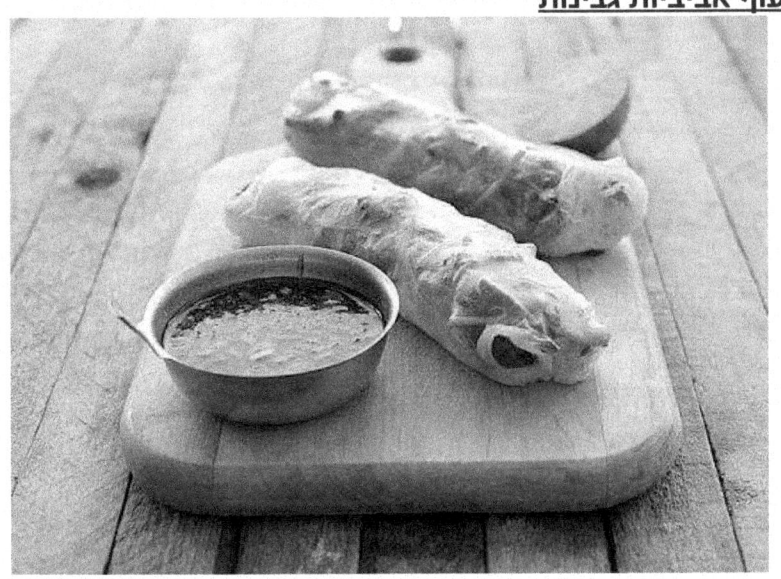

מנה: 12

2 חזה עוף בגודל גדול, מבושלים ומגוררים
2 בצלים קצוצים
10 אונקיות (284 גרם) גבינת ריקוטה
1 כף חומץ אורז
1 כף מולסה
1 כפית ג'ינג'ר טרי מגורר
¼ כוס רוטב סויה
⅓ כפית מלח ים
¼ כפית פלפל שחור גרוס, או יותר לפי הטעם
48 עטיפות וונטון
ספריי בישול

רססו את סל הטיגון האוויר בתרסיס בישול.
מערבבים את כל המרכיבים, מלבד העטיפות, בקערה גדולה. לזרוק כדי לערבב היטב.
פותחים את העטיפות על משטח עבודה נקי, ואז מחלקים ומכינים את התערובת באמצע העטיפות.
טפטפו מעט מים בשולי העטיפות, ואז קפלו את הקצה קרוב אליכם מעל המילוי. תוחבים את הקצה מתחת למילוי ומגלגלים לאטימה.
מסדרים את העטיפות בתבנית.
שים את סל הטיגון האוויר על תבנית האפייה והחלק למצב מתלה 2, בחר Air Fry, הגדר את הטמפרטורה ל-(375°F (190°C והגדר את הזמן ל-5 דקות.
הופכים את העטיפות באמצע זמן הבישול.
בסיום הבישול, יש להשחים מעט את העטיפות.
מגישים מיד.

סלטים וצדדים

28 . סלט אפונה ואטריות עם רצועות וונטון

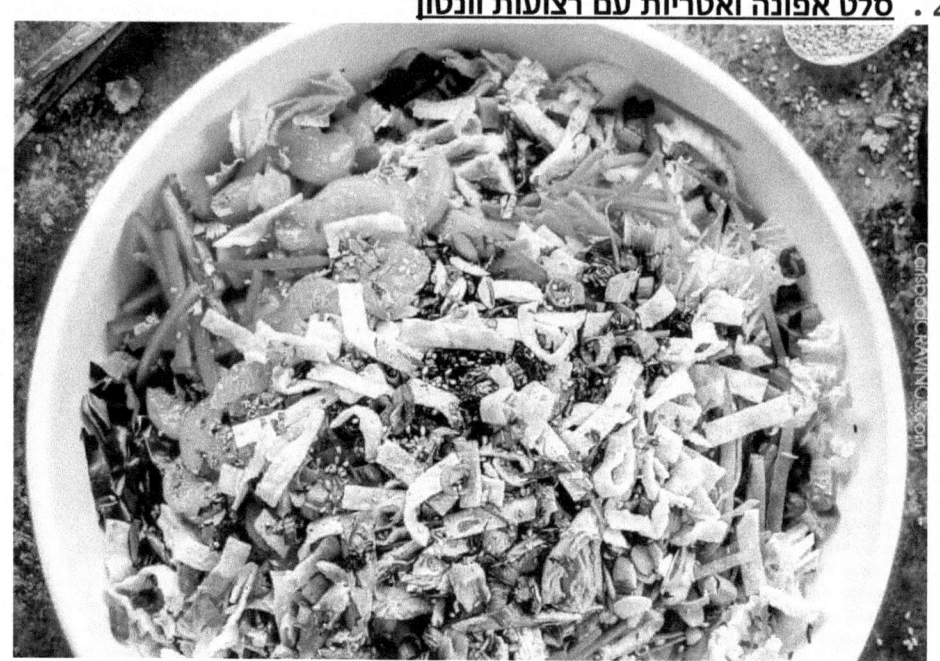

רכיבים

- 8 אונקיות. עוף עלום, פרוס דק
- 8 אונקיות. רוטב שומשום-שזיפים
- 16 ea. פלחי תפוז מנדרינית
- 4 אונקיות. אטריות קריספי רייס
- 4 אונקיות. רצועות וונטון קריספי
- 4 אונקיות. שקדי יהלום כחול, קלויים
- 2 כפיות. שומשום שחור ולבן
- 1 כוס (150 גרם) אפונה טרייה קלופה
- 250 גרם אפונת סוכר גזוז, קצוצה
- 250 גרם אפונת שלג, קצוצה
- 50 גרם נבטי אפונת שלג

כיוונים

1. שמים את כל החומרים בקערת ערבוב.
2. מערבבים את החומרים יחד עד לאיחוד אחיד.
3. טוחנים את החומרים לקערת הגשה גדולה.
4. מניחים את פלחי תפוז המנדרינה מסביב לסלט.
5. מעל הסלט עוד מעט אטריות אורז פריכות וונטונים.
6. מפזרים על הסלט את השקדים הקצוצים והשומשום הכחול
7. מקשטים את הסלט בקצת אפונת שלג פרוסה דק.

29. סלט עוף מוערם

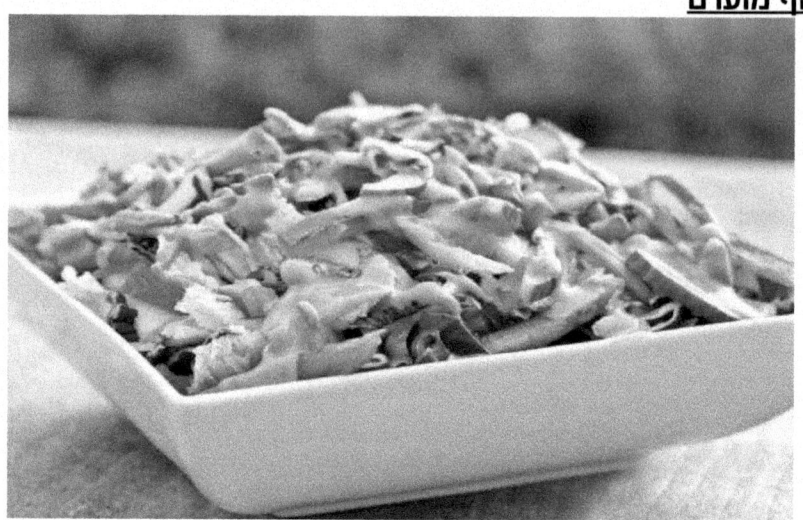

מרכיבי הסלט

- 1 ראש כרוב נאפה, חתוך לרצועות בגודל 1/4 אינץ'
- 1 ראש קטן כרוב אדום, מגורע וקצוץ
- 2 גזרים גדולים, קלופים ומכוסים בסרט
- 2 צרורות בצל ירוק, פרוסות דק
- 1 מלפפון אנגלי גדול, מחוספס
- 2 כוסות אדאמאמה מבושלת, קלופה
- 2 כוסות בוטנים קלויים
- 4 חזה עוף שום בגריל או אפוי, חתוך לקוביות
- 1 צרור עלי כוסברה קטנים קצוצים גס
- 2 אבוקדו האס בשלים, קלופים, מגולענים וחתוכים לקוביות בגודל 1/2 אינץ'
- מרכיבי רוטב בוטנים ליים כוסברה תאילנדי
- 1/4 פלפל אדום
- 1 צרור עלי כוסברה קטנה
- 4 כפות דבש גולמי או סוכר מייפל טהור
- 3 כפות חומץ אורז (מתובל או לא מתובל)
- 3 כפות מיץ ליים
- 2 כפיות חרדל דיז'ון
- 1/2 כפית שמן שומשום אסייתי
- 1/4 כפית ג'ינג'ר טרי טחון
- 1/2 כפית מלח כשר
- 1/4 פלפל שחור גרוס
- 3 כפות שמנת חמאת בוטנים טבעית
- 1 1/2 כפיות רוטב סויה מופחת נתרן או תמרי
- 1/4 כפית פתיתי פלפל אדום כתוש
- 1/4 כוס שמן זית כתית מעולה או שמן קנולה

מרכיבי עוף שום

- 2 קילו חזה עוף ללא עצמות וללא עור
- 6 כפות שמן זית
- 2 כפות שום קצוץ דק
- 1 כף רוטב סויה מופחת נתרן או תמרי
- 1/2 כפית מלח כשר
- מרכיבי Wontons אפוי קריספי
- חבילה אחת עטיפות וונטון או 2 אונקיות (צרור אחד) מקלות אורז (בסדר)

- מיסטר שמן מלא בשמן בחום גבוה כמו קנולה או שמן חריע מזוקק

הוראות הגעה

1. שלבו שמן זית ותיבול בשקית זיפלוק גדולה . מוסיפים חזה עוף ומנערים/מערבבים עד שהם מצופים היטב.
2. מניחים פלפל חריף ועלי כוסברה בבלנדר או בקערת העבודה של מעבד מזון. מוסיפים את שאר החומרים מלבד שמן הזית. מעבדים עד לקבלת תערובת חלקה, כ-30 עד 60 שניות. מוסיפים את שמן הזית בזרם דק .
3. צולים את העוף במשך 3 עד 4 דקות מכל צד. מגניב מעט.
4. מניחים את הוונטונים על תבנית גדולה משומן. לאחר מכן מרססים שכבה דקה של שמן על החלק העליון של כל הוונטונים ואופים עד להזהבה .
5. מניחים את הנאפה והכרוב האדום, הגזר, בצל ירוק, המלפפון והאדמה לקערת ערבוב גדולה מאוד ומערבבים. מוסיפים לקערת המערבל קוביות עוף.
6. מוסיפים את הבוטנים וקוביות האבוקדו ממש לפני ההגשה.
7. מזלפים רוטב על הסלט, ומעליהם חתיכות וונטון שבורות. מגישים מיד.

30 . <u>צנצנת מייסון סלט עוף סיני</u>

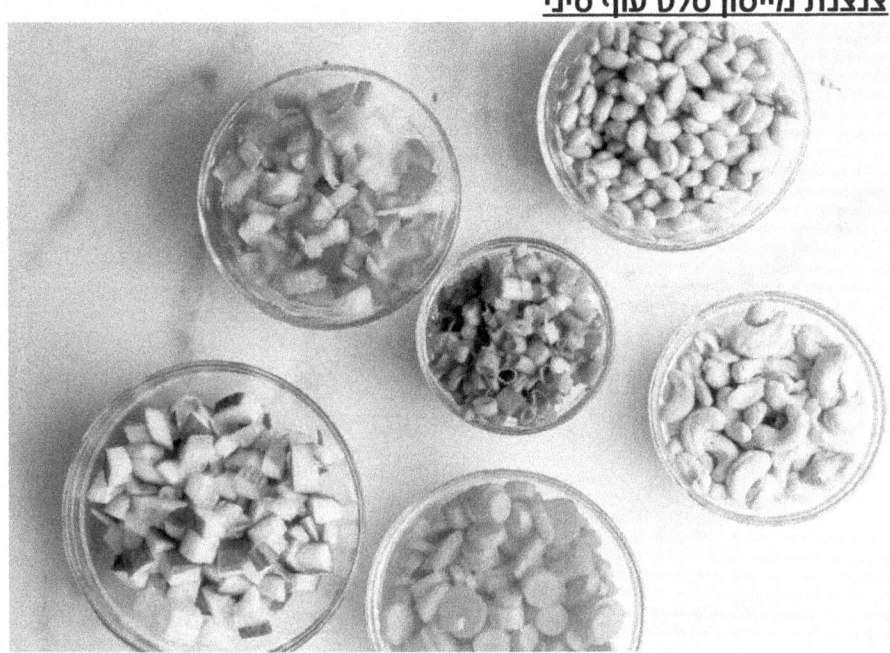

רכיבים
- ½ כוס חומץ יין אורז
- 2 שיני שום סחוצות
- 1 כף שמן שומשום
- 1 כף ג'ינג'ר טרי מגורר
- 2 כפיות סוכר, או יותר לפי הטעם
- ½ כפית רוטב סויה מופחת נתרן
- 2 בצלים ירוקים, פרוסים דק
- 1 כפית שומשום
- 2 גזרים קלופים ומגוררים
- 2 כוסות מלפפון אנגלי חתוך לקוביות
- 2 כוסות כרוב סגול מגורר
- 12 כוסות קייל קצוץ
- 1 ½ כוסות שאריות עוף רוטיסרי חתוך לקוביות
- 1 כוס רצועות וונטון

כיוונים

a) עבור הוויניגרט: טורפים יחד את החומץ, השום, שמן השומשום, הג'ינג'ר, הסוכר ורוטב הסויה בקערה קטנה. מחלקים את הרוטב ל-4 צנצנות זכוכית בעלות פה רחב עם מכסים.

b) מעל בצל ירוק, שומשום, גזר, מלפפון, כרוב, קייל ועוף. שומרים במקרר עד 3 ימים. אחסן את רצועות הוונטון בנפרד.

c) להגשה מנערים את תכולת הצנצנת ומוסיפים את רצועות הוונטון.

d) מגישים מיד.

31 . סלט עוף סיני עם וונטונים

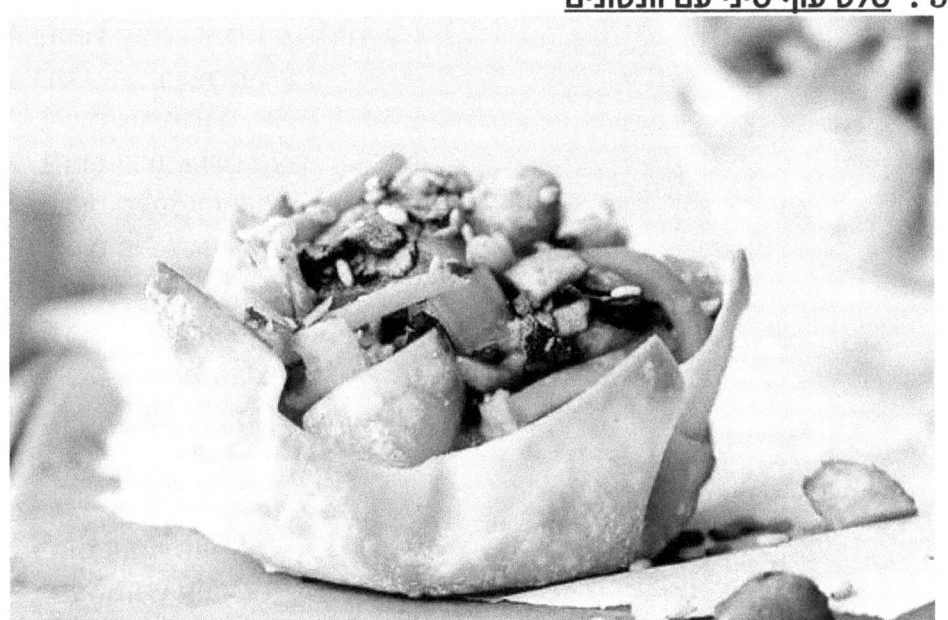

רכיבים

4 כוסות חסה רומנית מגוררת

1 כוס עוף מבושל מגורר

1/2 כוס גזר מגורר

1/2 כוס כרוב אדום קצוץ

1/2 כוס מלפפון פרוס

1/2 כוס פלפל אדום פרוס

1/4 כוס כוסברה קצוצה

1/4 כוס בצל ירוק פרוס

1/4 כוס בוטנים קצוצים

8 עטיפות וונטון, מטוגנות וקצוצות

הלבשה:

2 כפות רוטב סויה

2 כפות חומץ אורז

1 כף דבש

1 כף שמן שומשום

1 כף ג'ינג'ר מגורר

1 שן שום, קצוצה

הוראות הגעה:

בקערה גדולה מערבבים חסה רומית, עוף מבושל, גזר מגורר, כרוב אדום, מלפפון, פלפל אדום, כוסברה, בצל ירוק ובוטנים קצוצים.

בקערה קטנה, טורפים יחד רוטב סויה, חומץ אורז, דבש, שמן שומשום, ג'ינג'ר מגורד ושום טחון להכנת הרוטב.

יוצקים את הרוטב על הסלט ומערבבים לאיחוד.

למעלה עם וונטונים מטוגנים קצוצים.

מגישים מיד.

32 . סלט וונטון עם שרימפס

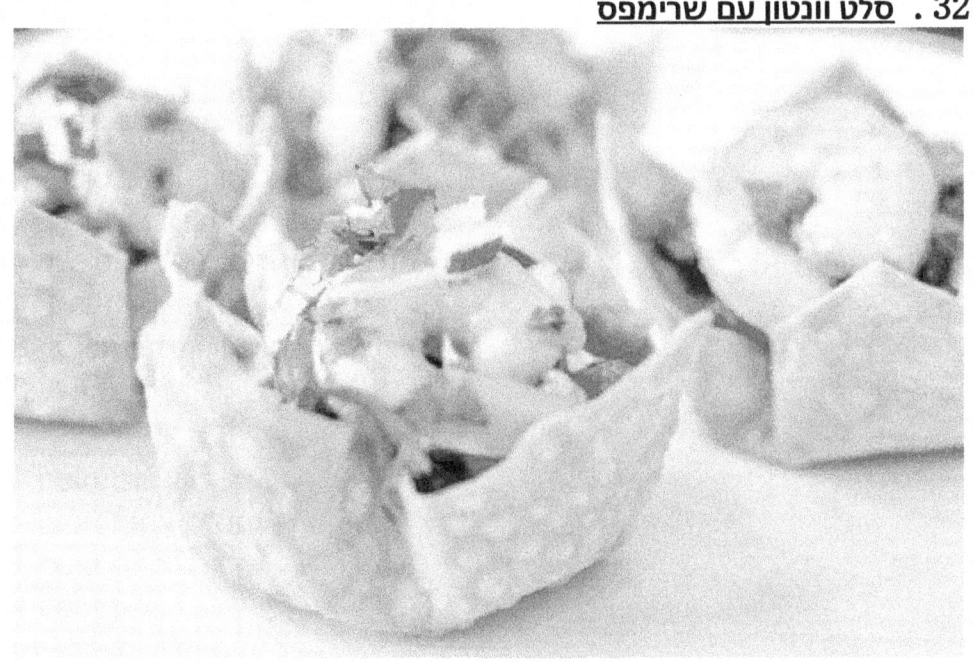

רכיבים

4 כוסות ירקות מעורבים
1/2 כוס שרימפס מבושלים
1/2 כוס מלפפון חתוך לקוביות
1/2 כוס עגבניות שרי פרוסות
1/4 כוס בצל אדום חתוך לקוביות
1/4 כוס צנון פרוס
8 עטיפות וונטון, מטוגנות וקצוצות
הלבשה:

3 כפות שמן זית
2 כפות חומץ בלסמי
1 כפית חרדל דיז'ון
1 כפית דבש
מלח ופלפל לפי הטעם
הוראות הגעה:

בקערה גדולה שלבו ירקות מעורבים, שרימפס מבושלים, מלפפון חתוך לקוביות, עגבניות שרי פרוסות, בצל אדום חתוך לקוביות וצנונית פרוסה.

בקערה קטנה, טורפים יחד שמן זית, חומץ בלסמי, חרדל דיז'ון, דבש, מלח ופלפל להכנת הרוטב.

יוצקים את הרוטב על הסלט ומערבבים לאיחוד.

למעלה עם וונטונים מטוגנים קצוצים.

מגישים מיד.

33. סלט אסייתי עם וונטונס

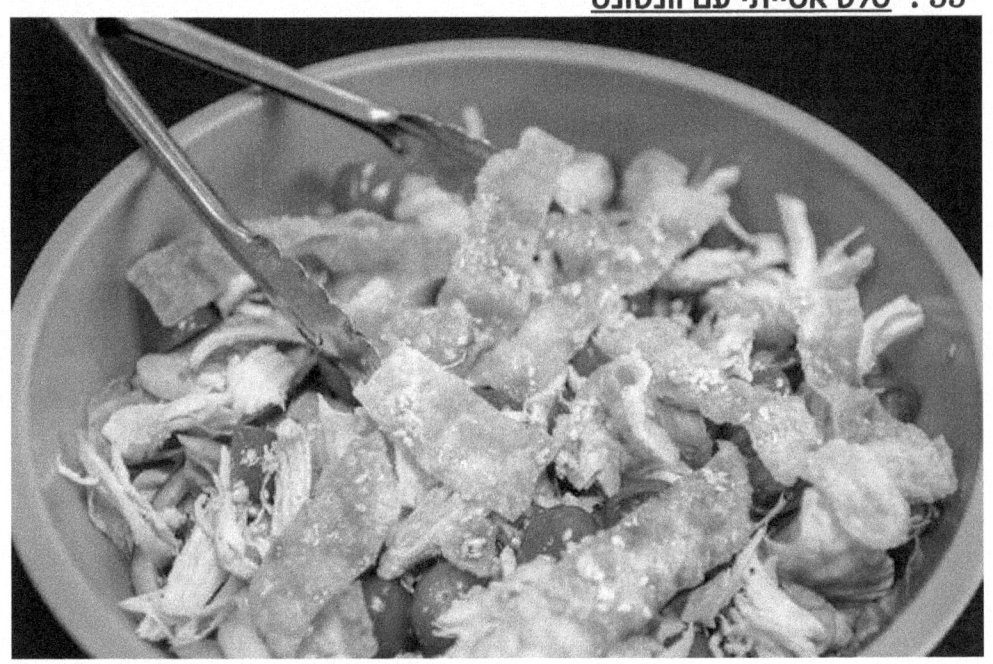

רכיבים

4 כוסות ירקות מעורבים
1/2 כוס עוף מגורר מבושל
1/2 כוס גזר מגורר
1/2 כוס מלפפון פרוס
1/2 כוס פלפל אדום פרוס
1/4 כוס כוסברה קצוצה
1/4 כוס בצל ירוק פרוס
8 עטיפות וונטון, מטוגנות וקצוצות
הלבשה:

3 כפות חומץ אורז
1 כף רוטב סויה
1 כף דבש
1 שן שום, קצוצה
1/4 כוס שמן צמחי
מלח ופלפל לפי הטעם

הוראות הגעה:
בקערה גדולה שלבו ירקות מעורבים, עוף מגורר מבושל, גזר מגורר, מלפפון
פרוס, פלפל אדום פרוס, כוסברה ובצל ירוק.

בקערה קטנה, טורפים יחד חומץ אורז, רוטב סויה, דבש, שום טחון, שמן
צמחי, מלח ופלפל להכנת הרוטב.

יוצקים את הרוטב על הסלט ומערבבים לאיחוד.
למעלה עם וונטונים מטוגנים קצוצים.
מגישים מיד.

34 . סלט וונטון חריף

רכיבים

4 כוסות חסה אייסברג קצוצה
1/2 כוס בשר חזיר טחון מבושל
1/2 כוס מלפפון פרוס
1/2 כוס פלפל אדום פרוס
1/4 כוס בצל ירוק פרוס
8 עטיפות וונטון, מטוגנות וקצוצות
הלבשה:
2 כפות חומץ אורז
1 כף רוטב סויה
1 כף רוטב הוזין
1 כף רוטב סרירצ'ה
1 שן שום, קצוצה
1/4 כוס שמן צמחי
מלח ופלפל לפי הטעם

הוראות הגעה:
בקערה גדולה מערבבים חסה אייסברג קצוצה, חזיר טחון מבושל, מלפפון
פרוס, פלפל אדום פרוס ובצל ירוק פרוס.

בקערה קטנה, טורפים יחד חומץ אורז, רוטב סויה, רוטב הוסין, רוטב
סרירצ'ה, שום טחון, שמן צמחי, מלח ופלפל להכנת הרוטב.

יוצקים את הרוטב על הסלט ומערבבים לאיחוד.

למעלה עם וונטונים מטוגנים קצוצים.

מגישים מיד.

35 . סלט שומשום ג'ינג'ר וונטון

רכיבים

4 כוסות ירקות מעורבים
1/2 כוס שרימפס מבושלים
1/2 כוס מלפפון פרוס
1/2 כוס פלפל אדום פרוס
1/4 כוס כוסברה קצוצה
1/4 כוס בצל ירוק פרוס
8 עטיפות וונטון, מטוגנות וקצוצות

הלבשה:
3 כפות חומץ אורז
1 כף רוטב סויה
1 כף דבש
1 שן שום, קצוצה
1 כף שמן שומשום
1 כף ג'ינג'ר מגורר
מלח ופלפל לפי הטעם

הוראות הגעה:
בקערה גדולה שלבו ירקות מעורבים, שרימפס מבושלים, מלפפון פרוס,
פלפל אדום פרוס, כוסברה ובצל ירוק.

בקערה קטנה, טורפים יחד חומץ אורז, רוטב סויה, דבש, שום טחון, שמן
שומשום, ג'ינג'ר מגורר, מלח ופלפל להכנת הרוטב.

יוצקים את הרוטב על הסלט ומערבבים לאיחוד.
למעלה עם וונטונים מטוגנים קצוצים.
מגישים מיד.

36 . סלט אבוקדו וונטון

רכיבים

4 כוסות ירקות מעורבים
1 אבוקדו, פרוס
1/2 כוס עגבניות שרי
1/2 כוס בצל אדום פרוס
1/4 כוס כוסברה קצוצה
8 עטיפות וונטון, מטוגנות וקצוצות
הלבשה:

2 כפות שמן זית
1 כף מיץ ליים
1 שן שום, קצוצה
מלח ופלפל לפי הטעם
הוראות הגעה:

בקערה גדולה מערבבים ירקות מעורבים, אבוקדו פרוס, עגבניות שרי, בצל אדום פרוס וכוסברה.

בקערה קטנה, טורפים יחד שמן זית, מיץ ליים, שום טחון, מלח ופלפל להכנת הרוטב.

יוצקים את הרוטב על הסלט ומערבבים לאיחוד.

למעלה עם וונטונים מטוגנים קצוצים.

מגישים מיד.

37 . סלט וונטון תאילנדי

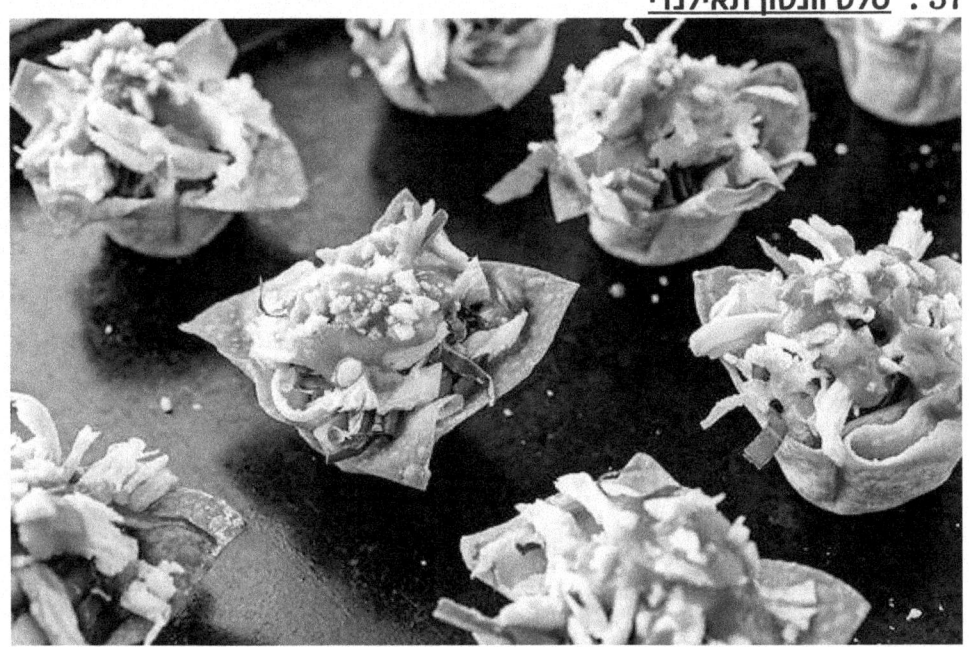

רכיבים

4 כוסות חסה רומנית קצוצה
1/2 כוס עוף טחון מבושל
1/2 כוס מלפפון פרוס
1/2 כוס בצל אדום פרוס
1/4 כוס כוסברה קצוצה
1/4 כוס בצל ירוק פרוס
8 עטיפות וונטון, מטוגנות וקצוצות
הלבשה:

3 כפות מיץ ליים
1 כף רוטב דגים
1 כף דבש
1 שן שום, קצוצה
1/4 כוס שמן צמחי
מלח ופלפל לפי הטעם
הוראות הגעה:

בקערה גדולה מערבבים חסה רומנית קצוצה, עוף טחון מבושל, מלפפון
פרוס, בצל אדום פרוס, כוסברה ובצל ירוק.
בקערה קטנה, טורפים יחד מיץ ליים, רוטב דגים, דבש, שום טחון, שמן
צמחי, מלח ופלפל להכנת הרוטב.
יוצקים את הרוטב על הסלט ומערבבים לאיחוד.
4. מעליהם וונטונים מטוגנים קצוצים.

מגישים מיד.

38 . סלט עוף וונטון בגריל

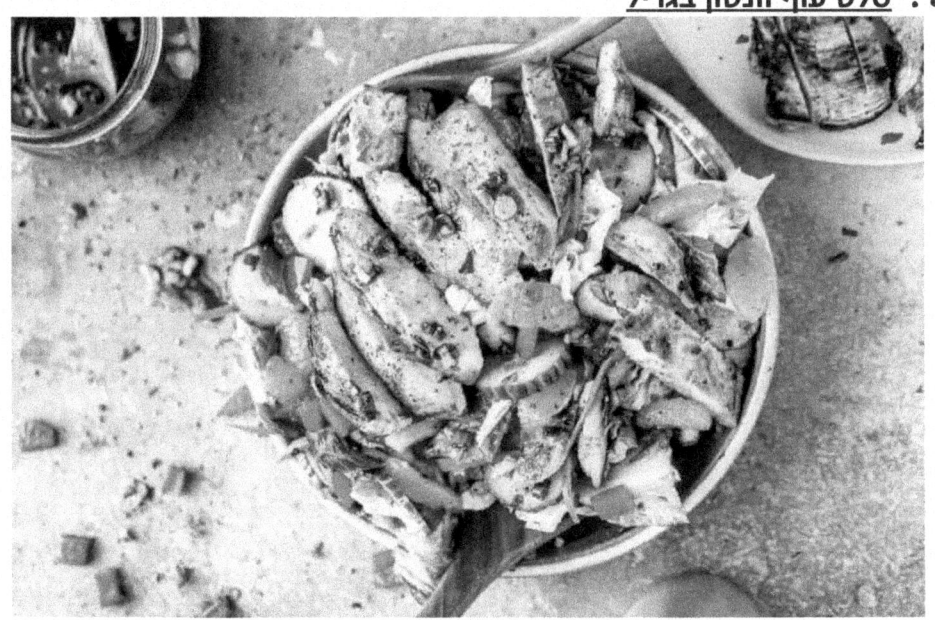

רכיבים

4 כוסות ירקות מעורבים
1 חזה עוף בגריל, פרוס
1/2 כוס גזר פרוס
1/2 כוס פלפל אדום פרוס
1/4 כוס כוסברה קצוצה
8 עטיפות וונטון, מטוגנות וקצוצות
הלבשה:

2 כפות חומץ אורז
1 כף רוטב סויה
1 כף דבש
1 שן שום, קצוצה
1/4 כוס שמן צמחי
מלח ופלפל לפי הטעם
הוראות הגעה:

בקערה גדולה שלבו ירקות מעורבים, חזה עוף בגריל פרוס, גזר פרוס, פלפל
אדום פרוס וכוסברה.

בקערה קטנה, טורפים יחד חומץ אורז, רוטב סויה, דבש, שום טחון, שמן
צמחי, מלח ופלפל להכנת הרוטב.

יוצקים את הרוטב על הסלט ומערבבים לאיחוד.

למעלה עם וונטונים מטוגנים קצוצים.

מגישים מיד.

39. סלט טונה ובטטה חריף

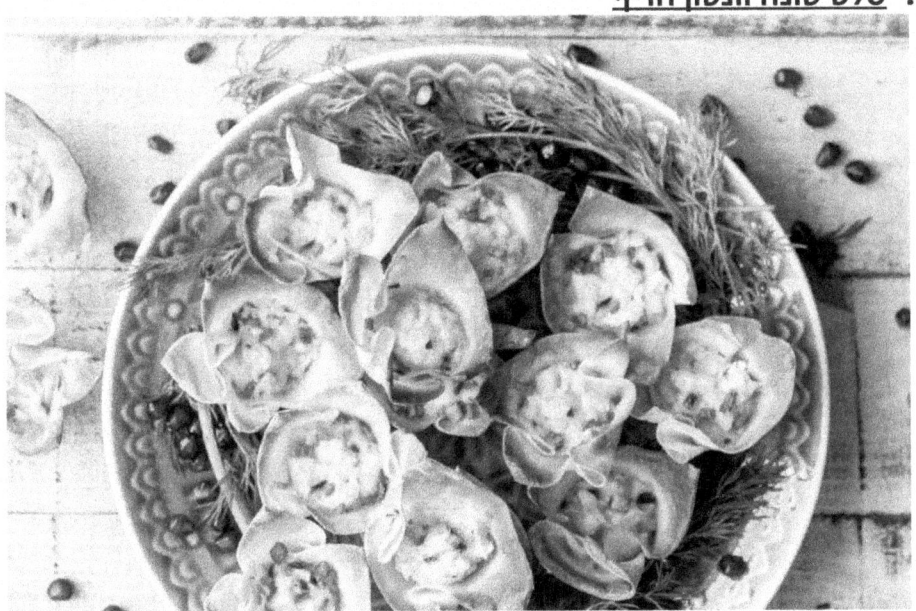

רכיבים

4 כוסות ירקות מעורבים
1/2 כוס טונה חריפה
1/2 כוס אבוקדו פרוס
1/2 כוס מלפפון פרוס
1/4 כוס בצל ירוק פרוס
8 עטיפות וונטון, מטוגנות וקצוצות
הלבשה:

2 כפות רוטב סויה
1 כף חומץ אורז
1 כף דבש
1 שן שום, קצוצה
1 כף שמן שומשום
מלח ופלפל לפי הטעם
הוראות הגעה:

בקערה גדולה מערבבים ירקות מעורבים, טונה חריפה, אבוקדו פרוס, מלפפון פרוס ובצל ירוק.

בקערה קטנה, טורפים יחד רוטב סויה, חומץ אורז, דבש, שום טחון, שמן שומשום, מלח ופלפל להכנת הרוטב.

יוצקים את הרוטב על הסלט ומערבבים לאיחוד.

למעלה עם וונטונים מטוגנים קצוצים.

מגישים מיד.

BBQ Chicken Wonton סלט . 40

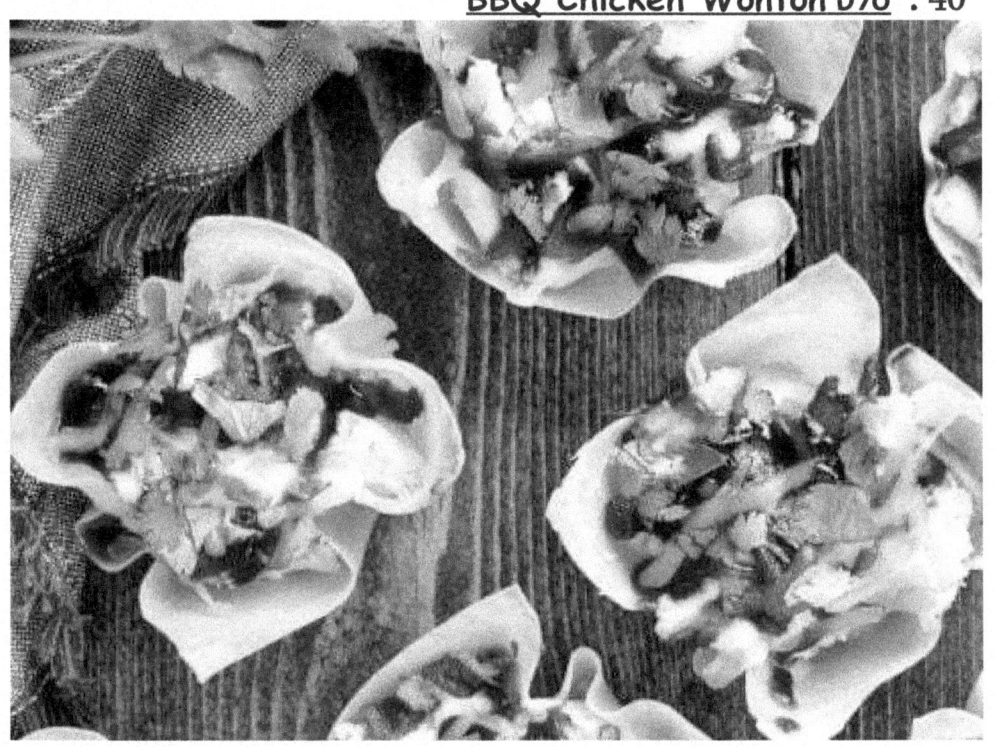

רכיבים

4 כוסות ירקות מעורבים
1/2 כוס ברביקיו עוף, פרוס
1/2 כוס בצל אדום פרוס
1/2 כוס אבוקדו פרוס
1/4 כוס כוסברה קצוצה
8 עטיפות וונטון, מטוגנות וקצוצות
הלבשה:

2 כפות רוטב ברביקיו
1 כף רוטב חווה
1 שן שום, קצוצה
מלח ופלפל לפי הטעם
הוראות הגעה:

בקערה גדולה מערבבים ירקות מעורבים, עוף ברביקיו פרוס, בצל אדום
פרוס, אבוקדו פרוס וכוסברה.
בקערה קטנה, טורפים יחד רוטב ברביקיו, רוטב חווה, שום טחון, מלח
ופלפל להכנת הרוטב.
יוצקים את הרוטב על הסלט ומערבבים לאיחוד.
למעלה עם וונטונים מטוגנים קצוצים.
מגישים מיד.

41 . סלט שרימפס ומנגו וונטון

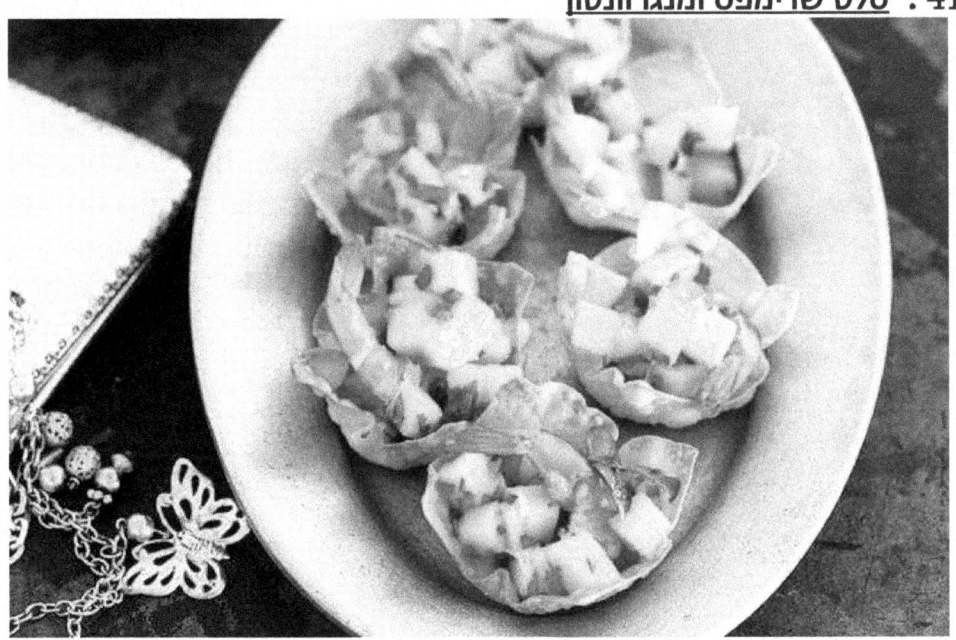

רכיבים

4 כוסות ירקות מעורבים

1/2 כוס שרימפס מבושלים

1/2 כוס מנגו חתוך לקוביות

1/4 כוס בצל אדום חתוך לקוביות

1/4 כוס כוסברה קצוצה

8 עטיפות וונטון, מטוגנות וקצוצות

הלבשה:

2 כפות מיץ ליים

1 כף דבש

1 כף שמן זית

1 שן שום, קצוצה

מלח ופלפל לפי הטעם

הוראות הגעה:

בקערה גדולה שלבו ירקות מעורבים, שרימפס מבושל, מנגו חתוך לקוביות, בצל אדום חתוך לקוביות וכוסברה.

בקערה קטנה, טורפים יחד מיץ ליים, דבש, שמן זית, שום טחון, מלח ופלפל להכנת הרוטב.

יוצקים את הרוטב על הסלט ומערבבים לאיחוד.

למעלה עם וונטונים מטוגנים קצוצים.

מגישים מיד.

42 . סלט בוטנים וונטון תאילנדי

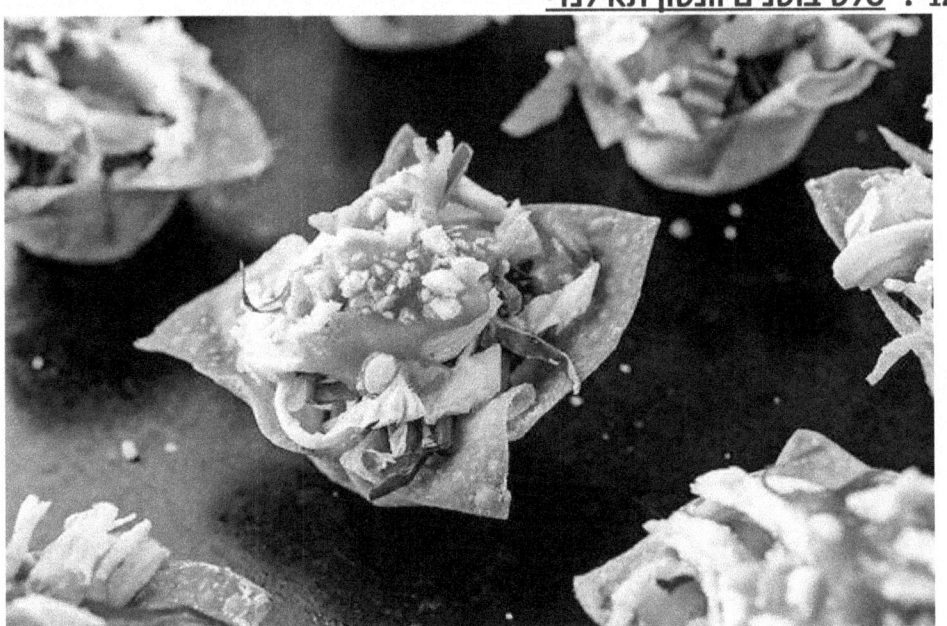

רכיבים

4 כוסות ירקות מעורבים
1/2 כוס עוף מבושל, פרוס
1/4 כוס מלפפון פרוס
1/4 כוס פלפל אדום פרוס
1/4 כוס גזר פרוס
8 עטיפות וונטון, מטוגנות וקצוצות

הלבשה:
2 כפות חמאת בוטנים
1 כף רוטב סויה
1 כף חומץ אורז
1 כף דבש
1 שן שום, קצוצה
1 כף מים
מלח ופלפל לפי הטעם

הוראות הגעה:
בקערה גדולה שלבו ירקות מעורבים, עוף מבושל פרוס, מלפפון פרוס,
פלפל אדום פרוס וגזר פרוס.

בקערה קטנה, טורפים יחד חמאת בוטנים, רוטב סויה, חומץ אורז, דבש,
שום טחון, מים, מלח ופלפל להכנת הרוטב.

יוצקים את הרוטב על הסלט ומערבבים לאיחוד.

למעלה עם וונטונים מטוגנים קצוצים.
מגישים מיד.

43 . סלט טריאקי טופו וונטון

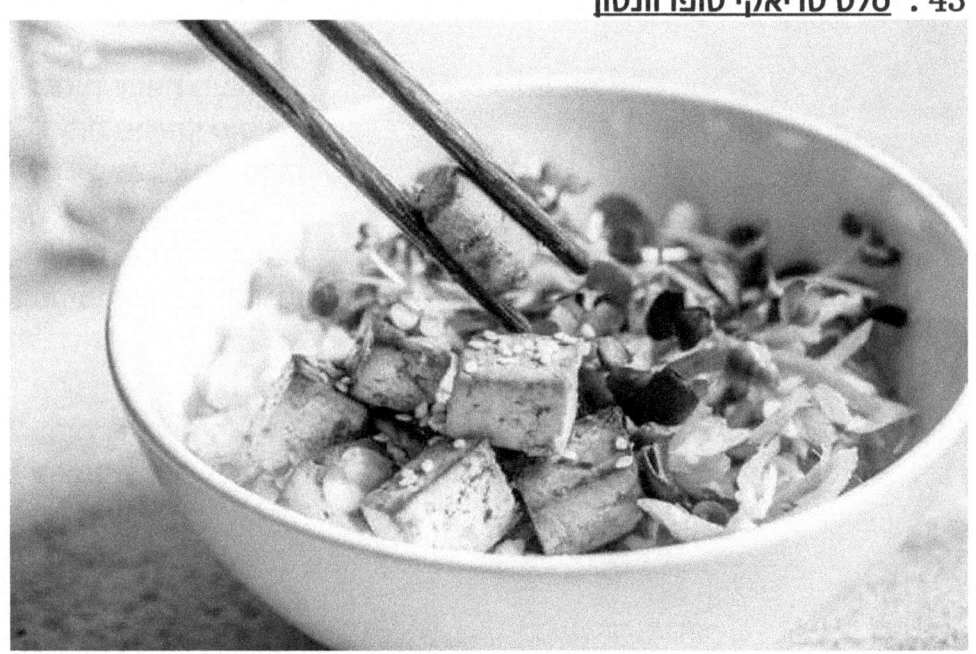

רכיבים

4 כוסות ירקות מעורבים
1/2 כוס טריאקי טופו, פרוס
1/4 כוס בצל אדום פרוס
1/4 כוס גזר פרוס
1/4 כוס כוסברה קצוצה
8 עטיפות וונטון, מטוגנות וקצוצות
הלבשה:

2 כפות רוטב סויה
1 כף חומץ אורז
1 כף דבש
1 שן שום, קצוצה
1 כף שמן שומשום
מלח ופלפל לפי הטעם
הוראות הגעה:

בקערה גדולה שלבו ירקות מעורבים, טופו טריאקי פרוס, בצל אדום פרוס,
גזר פרוס וכוסברה.

בקערה קטנה, טורפים יחד רוטב סויה, חומץ אורז, דבש, שום טחון, שמן
שומשום, מלח ופלפל להכנת הרוטב.

יוצקים את הרוטב על הסלט ומערבבים לאיחוד.

למעלה עם וונטונים מטוגנים קצוצים.

מגישים מיד.

44 . סלט קפרזה וונטון

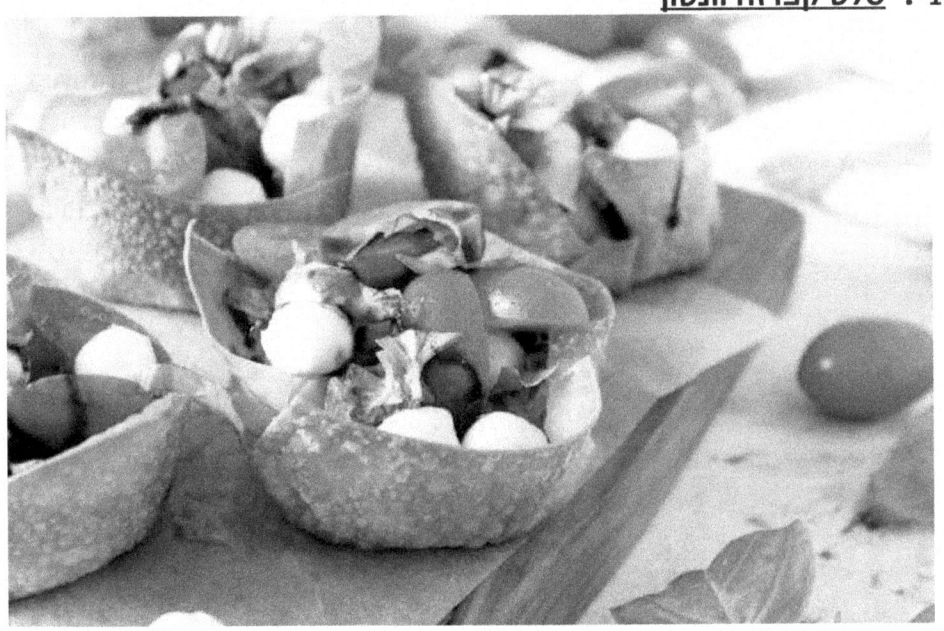

רכיבים

4 כוסות ירקות מעורבים
1/2 כוס עגבניות שרי, חצויות
1/2 כוס כדורי מוצרלה טריים, חצויים
1/4 כוס בזיליקום קצוץ
8 עטיפות וונטון, מטוגנות וקצוצות
הלבשה:

2 כפות חומץ בלסמי
1 כף שמן זית
מלח ופלפל לפי הטעם
הוראות הגעה:

בקערה גדולה משלבים ירקות מעורבים, עגבניות שרי, מוצרלה טרייה ובזיליקום.
בקערה קטנה טורפים יחד חומץ בלסמי, שמן זית, מלח ופלפל להכנת הרוטב.
יוצקים את הרוטב על הסלט ומערבבים לאיחוד.
למעלה עם וונטונים מטוגנים קצוצים.
5. מגישים מיד.

45. סלט טונה וונטון חריף

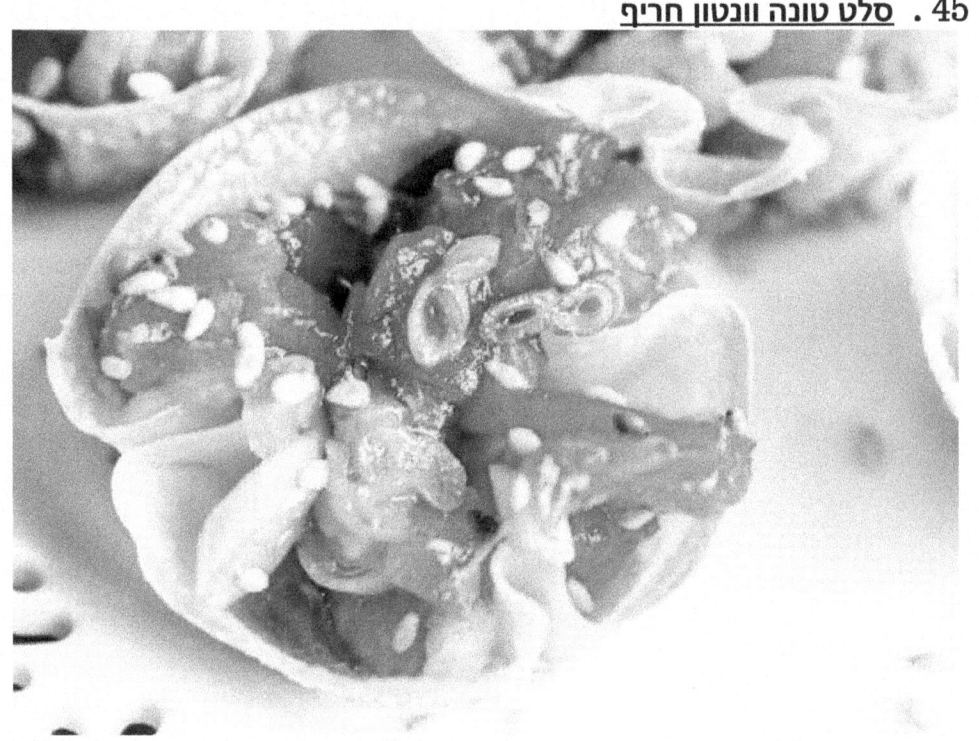

רכיבים

4 כוסות ירקות מעורבים

1/2 כוס טונה משומרת, סחוטה

1/4 כוס בצל אדום פרוס

1/4 כוס מלפפון פרוס

1/4 כוס כוסברה קצוצה

8 עטיפות וונטון, מטוגנות וקצוצות

הלבשה:

2 כפות סרירצ'ה

1 כף חומץ אורז

1 כף דבש

1 שן שום, קצוצה

מלח ופלפל לפי הטעם

הוראות הגעה:

בקערה גדולה מערבבים ירקות מעורבים, טונה משומרת, בצל אדום פרוס, מלפפון פרוס וכוסברה.

בקערה קטנה, טורפים יחד סרירצ'ה, חומץ אורז, דבש, שום טחון, מלח ופלפל להכנת הרוטב.

יוצקים את הרוטב על הסלט ומערבבים לאיחוד.

למעלה עם וונטונים מטוגנים קצוצים.

מגישים מיד.

46 . <u>סלט אנטיפסטו וונטון</u>

רכיבים

4 כוסות ירקות מעורבים
1/4 כוס סלמי פרוס
1/4 כוס פפרוני פרוס
1/4 כוס גבינת פרובולון פרוסה
1/4 כוס פלפלים אדומים קלויים פרוסים
8 עטיפות וונטון, מטוגנות וקצוצות
הלבשה:

2 כפות חומץ יין אדום
1 כף שמן זית
1 שן שום, קצוצה
מלח ופלפל לפי הטעם
הוראות הגעה:

בקערה גדולה מערבבים ירקות מעורבים, סלמי פרוס, פפרוני פרוס, גבינת פרובולון פרוסה ופלפל אדום קלוי פרוס.

בקערה קטנה, טורפים יחד חומץ יין אדום, שמן זית, שום טחון, מלח ופלפל להכנת הרוטב.

יוצקים את הרוטב על הסלט ומערבבים לאיחוד.

למעלה עם וונטונים מטוגנים קצוצים.

מגישים מיד.

47 . סלט וונטון דרום-מערבי

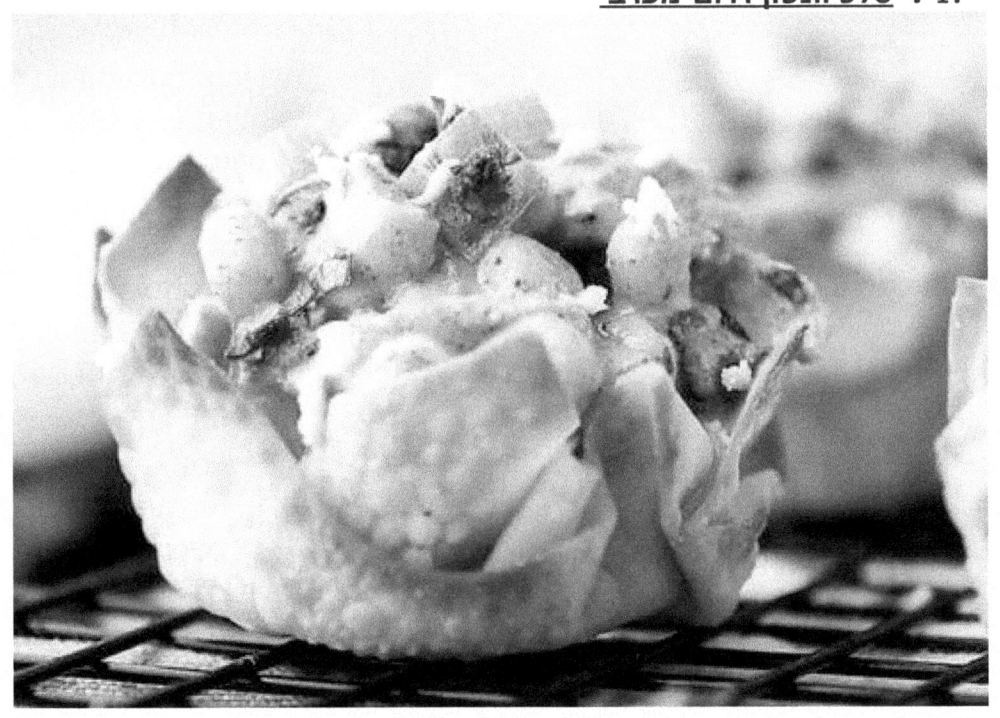

רכיבים

4 כוסות ירקות מעורבים
1/2 כוס שעועית שחורה, שטופה ומרוקנת
1/2 כוס גרעיני תירס
1/4 כוס אבוקדו חתוך לקוביות
1/4 כוס בצל אדום חתוך לקוביות
1/4 כוס כוסברה קצוצה
8 עטיפות וונטון, מטוגנות וקצוצות
הלבשה:

2 כפות מיץ ליים
1 כף שמן זית
1 שן שום, קצוצה
1/2 כפית אבקת צ'ילי
מלח ופלפל לפי הטעם
הוראות הגעה:

בקערה גדולה שלבו ירקות מעורבים, שעועית שחורה, גרעיני תירס, אבוקדו
חתוך לקוביות, בצל אדום חתוך לקוביות וכוסברה קצוצה.

בקערה קטנה, טורפים יחד מיץ ליים, שמן זית, שום טחון, אבקת צ'ילי, מלח
ופלפל להכנת הרוטב.

יוצקים את הרוטב על הסלט ומערבבים לאיחוד.

למעלה עם וונטונים מטוגנים קצוצים.

מגישים מיד.

48. סלט עוף בגריל קיסר וונטון

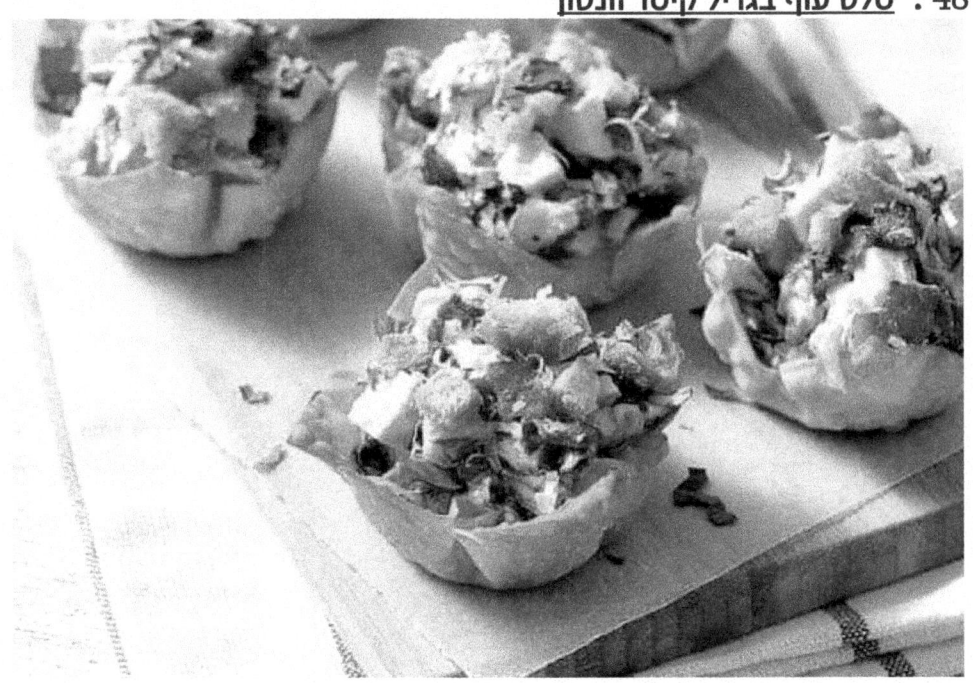

רכיבים

4 כוסות חסה רומנית, קצוצה
1/2 כוס עוף בגריל, פרוס
1/4 כוס גבינת פרמזן מגולחת
1/4 כוס קרוטונים
8 עטיפות וונטון, מטוגנות וקצוצות
הלבשה:

2 כפות מיונז
1 כף מיץ לימון
1 שן שום, קצוצה
1 כפית חרדל דיז'ון
מלח ופלפל לפי הטעם
הוראות הגעה:

בקערה גדולה מערבבים חסה רומאנית קצוצה, עוף בגריל פרוס, גבינת
פרמזן מגולחת וקרוטונים.
בקערה קטנה, טורפים יחד מיונז, מיץ לימון, שום טחון, חרדל דיז'ון, מלח
ופלפל להכנת הרוטב.
3. יוצקים את הרוטב על הסלט ומערבבים לאיחוד.

למעלה עם וונטונים מטוגנים קצוצים.

מגישים מיד.

49 . סלט וונטון יווני

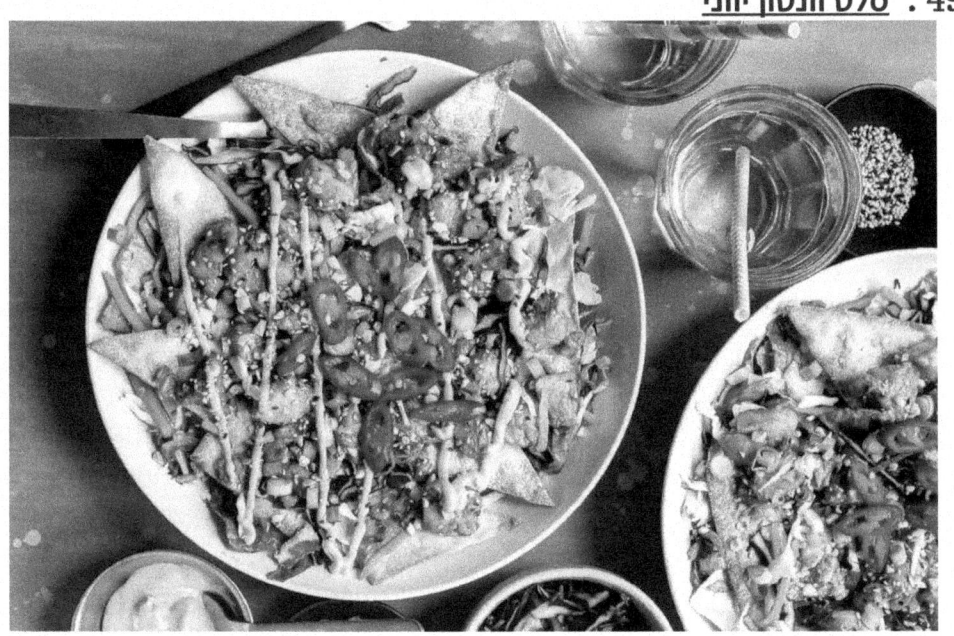

רכיבים

4 כוסות ירקות מעורבים
1/4 כוס גבינת פטה מפוררת
1/4 כוס זיתי קלמטה פרוסים
1/4 כוס מלפפון פרוס
1/4 כוס עגבניות חתוכות לקוביות
8 עטיפות וונטון, מטוגנות וקצוצות
הלבשה:

2 כפות חומץ יין אדום
1 כף שמן זית
1 שן שום, קצוצה
1/2 כפית אורגנו מיובש
מלח ופלפל לפי הטעם
הוראות הגעה:

בקערה גדולה מערבבים ירקות מעורבים, גבינת פטה מפוררת, זיתי קלמטה פרוסים, מלפפון פרוס ועגבנייה חתוכה לקוביות.

בקערה קטנה, טורפים יחד חומץ יין אדום, שמן זית, שום טחון, אורגנו מיובש, מלח ופלפל להכנת הרוטב.

יוצקים את הרוטב על הסלט ומערבבים לאיחוד.

למעלה עם וונטונים מטוגנים קצוצים.

מגישים מיד.

50 . סלט וונטון סלק צלוי וגבינת עיזים

רכיבים

4 כוסות ארוגולה
1/2 כוס סלק צלוי, פרוס
1/4 כוס גבינת עיזים מפוררת
1/4 כוס אגוזי מלך קצוצים
8 עטיפות וונטון, מטוגנות וקצוצות
הלבשה:

2 כפות חומץ בלסמי
1 כף שמן זית
1 שן שום, קצוצה
1 כפית דבש
מלח ופלפל לפי הטעם
הוראות הגעה:

בקערה גדולה מערבבים ארוגולה, סלק קלוי פרוס, גבינת עיזים מפוררת
ואגוזי מלך קצוצים.
בקערה קטנה, טורפים יחד חומץ בלסמי, שמן זית, שום טחון, דבש, מלח
ופלפל להכנת הרוטב.
יוצקים את הרוטב על הסלט ומערבבים לאיחוד.
למעלה עם וונטונים מטוגנים קצוצים.
מגישים מיד.

מרק

51 . מרק קטו וונטון

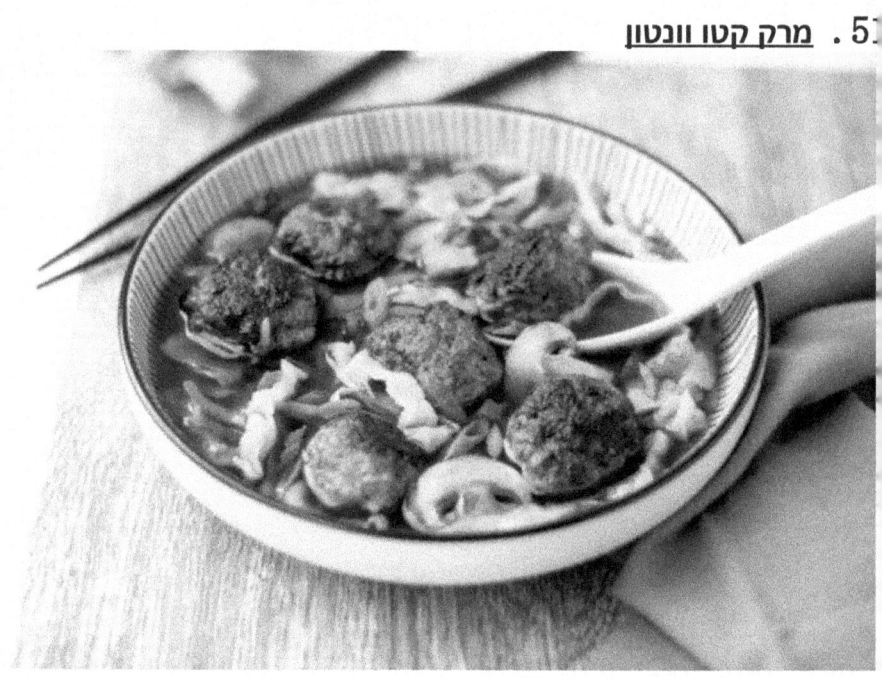

6 אונקיות בשר חזיר, קצוץ גס

8 🕐 שרימפס בינוני, קלוף וטחון

1 🕐 כף יין סיני או שרי יבש

2 🕐 כפות רוטב סויה קל

1 🕐 כפית בצל ירוק קצוץ דק

1 🕐 כפית ג'ינג'ר טרי קצוץ דק

24 🕐 עטיפות וונטון

3 🕐 כוסות ציר עוף

🕐 בצל ירוק קצוץ דק, שני קישוטים.

מערבבים בקערה את בשר החזיר הקצוץ והשרימפס הטחון עם יין האורז או
השרי, 1 ט' מרוטב הסויה, הבצל והג'ינג'ר הקצוץ. מערבבים היטב ומניחים
בצד למשך 30-25 דקות כדי שהטעמים יתמזגו.
מניחים 1 ט מהמילוי במרכז כל עטיפת וונטון.
הרטיבו את הקצוות של כל וונטון במעט מים והצמידו אותם יחד עם
האצבעות כדי לאטום, ואז קפלו כל וונטון.
לבישול מביאים את הציר לרתיחה מתגלגלת בווק, מוסיפים את הוונטונים
ומבשלים 5-4 דקות. מוסיפים את יתרת רוטב הסויה והבצל ירוק, מעבירים
לקערות מרק אישיות ומגישים.

52 . מרק מרק וונטון קלאסי

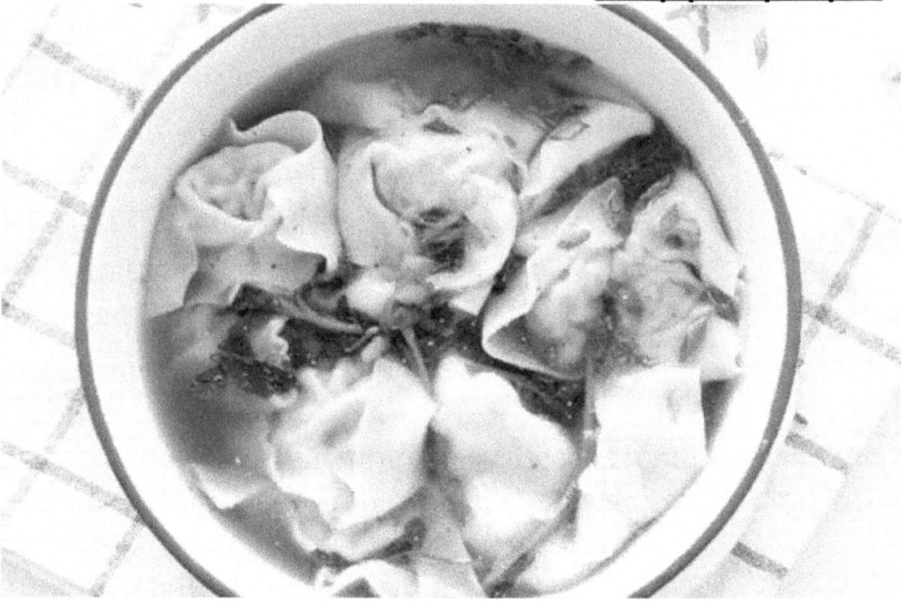

רכיבים
- 40 עטיפות וונטון גדולות

למילוי הוונטון - שרימפס:
- 20 שרימפס בגודל בינוני, קלופים ומפותלים, חתוכים לחצי לאורכם
- ½ כפית מלח כשר
- ½ כפית עמילן תירס
- 1 כפית שמן זית כתית מעולה

למילוי הוונטון - חזיר:
- 1 פאונד 80% בשר חזיר טחון רזה
- 1 ½ כפות ג'ינג'ר טרי, טחון
- 1 כף יין אורז שאוקסינג
- 2 כפות רוטב סויה קל
- 2 כפיות עמילן תירס
- 1 כפית סוכר חום
- 2 כפות שמן זית כתית מעולה
- ½ כפית מלח כשר, מחולק
- 6 אונקיות גרגיר הנחלים, קצוץ (בערך 4 כוסות)

לבסיס מרק מרק וונטון:
- 8 כוסות מרק עוף (4 קרטונים)
- 2 כוסות גרגיר נחלים או ירקות ירוקים אחרים רצויים (לא חובה)
- מלח ופלפל לפי הטעם
- בצל ירוק קצוץ לקישוט
- שמן צ'ילי חם או שמן שומשום לטפטוף (לא חובה)

הוראות

a) שלבו את מרכיבי מילוי השרימפס בקערה קטנה וערבבו היטב. לְהַפְרִישׁ.

b) שלבו בשר חזיר, ג'ינג'ר, יין שאוקסינג, רוטב סויה בהיר, עמילן תירס וסוכר בקערת ערבוב גדולה. מערבבים היטב.

c) מוסיפים שמן זית, מלח וגרגר נחלים לתערובת החזיר. השתמש בשתי הידיים כדי לערבב את כל החומרים יחד.

d) מכינים משטח עבודה שטוח על ידי אבק במעט קמח. מורחים אותו עם היד. מכינים בצד קערת מים קטנה.

e) עכשיו עטפו את הוונטונים. הנח עטיפה אחת שטוחה על כף ידך האחת, הצד הצר פונה אליך. גרפו כ-1 כף מלית חזיר והניחו במרכז עטיפת הוונטון. מוסיפים חתיכת שרימפס מעל.

f) הרימו את הצד הצר של העטיפה וקפלו לכיוון הצד הרחב של העטיפה, תוך כיסוי מלא של המילוי. הצד הצר צריך לעלות עד לנקודה שבה נותר מקום של כחצי אינץ' לצד הרחב.
g) טובלים מעט את האגודל במים. השתמש באצבעותיך כדי לצבוט את הקצוות הצרים והרחבים של העטיפות יחד סביב המילוי, ואז כופף את הוונטון לצורת כובע אחות, בעזרת האגודל הרטוב שלך כדי ללחוץ את שני הקצוות זה לזה.
h) חוזרים על הפעולה עם שאר העטיפות ומניחים את הוונטונים על משטח העבודה בשכבה אחת עם מעט מרחק בין כל אחד.
i) מביאים סיר גדול של מים לרתיחה, מוסיפים את מספר הוונטונים שברצונכם לבשל. נותנים להם לרתוח כ-5 דקות עד שהם צפים. טועמים אחד כדי לראות אם המילוי מבושל.
j) במקביל מביאים לרתיחה בסיר אחר מרק עוף (2 כוסות ל-10-12 ונטונים). הוסף קצת גרגיר הנחלים או הירקות הירוקים הרצויים, כמו בייבי בוק צ'וי. מבשלים עד שהירקות נבולים, כ-1-2 דקות. מתבלים במלח ופלפל לפי הטעם.
k) מעבירים את בסיס מרק המרק לקערת הגשה, וזורקים את הוונטונים המבושלים לקערה בעזרת כף מחוררת. מקשטים בבצל ירוק קצוץ ומזלפים שמן צ'ילי חריף או שמן שומשום אם רוצים. תהנה!

53 . <u>מרק כופתאות וונטון</u>

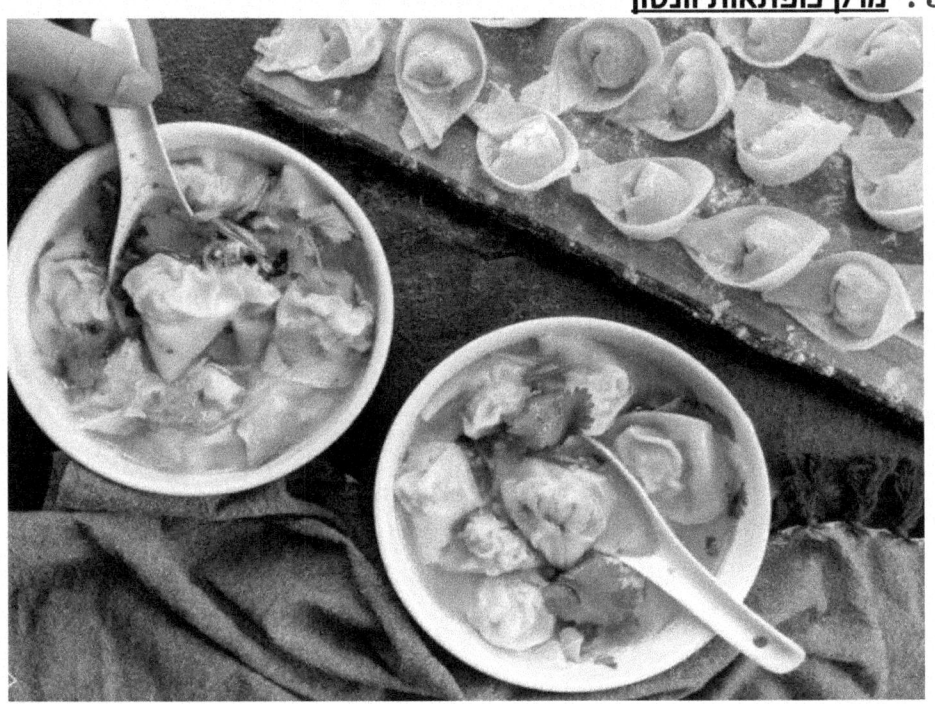

מנה: 6
רכיבים

- עטיפות וונטון, עשרים וארבע
- בצל ירוק קצוץ דק, כפית אחת.
- ג'ינג'ר קצוץ דק, כפית אחת.
- רוטב סויה, כף אחת.
- סוכר חום, כפית אחת.
- חזה עוף, מגורר, שניים
- תרד טרי, כוס אחת
- שרימפס, קילו אחד
- ערמוני מים, שמונה אונקיות
- פטריות, פרוסות, כוס אחת
- יין אורז, כף אחת.
- בשר חזיר טחון, שמונה אונקיות

הוראות

a) מביאים ציר עוף לרתיחה מתגלגלת, ולאחר מכן מוסיפים את כל המרכיבים.

b) מבשלים עד שהעוף והשרימפס מבושלים, כ-10 דקות.

c) מערבבים בקערה את בשר החזיר, שרימפס טחון, סוכר חום, יין אורז או שרי, רוטב סויה, בצל ירוק וג'ינג'ר קצוץ.

d) מערבבים היטב ומניחים בצד למשך 25-30 דקות כדי שהטעמים יתמזגו.

e) הוסף כפית אחת. מהמילוי במרכז כל עטיפת וונטון.

f) הרטיבו את הקצוות של כל וונטון במעט מים והצמידו אותם יחד עם האצבעות כדי לאטום.

g) לבישול מוסיפים וונטונים לציר העוף הרותח ומבשלים 4-5 דקות.

54. וונטונס במרק שומשום-סויה קל עם אפונה

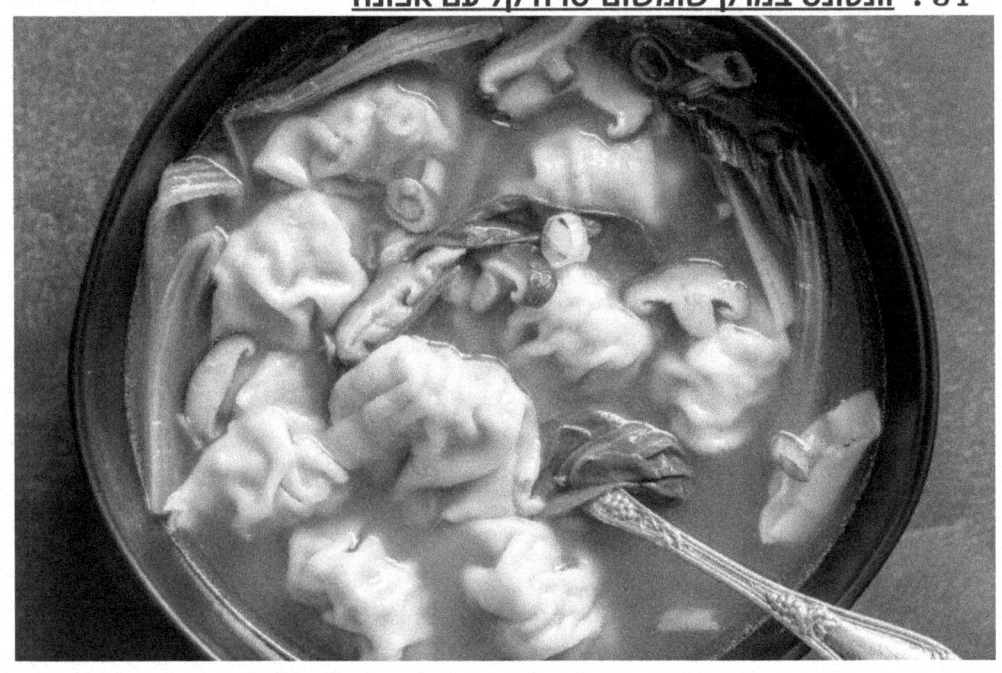

מכינה: 4 מנות

רכיבים

WONTONS

2 כוסות כרוב נאפה קצוץ דק

2 כפות בצל צהוב פרוס דק

¼ כוס בצל ירוק קצוץ דק

1 כף Nama Shoyu או Bragg Liquid Aminos

1 כף שמן שומשום קלוי

מתכון אחד לקרפ תפוחים, מיובש לפי ההוראות

בסיס מרק

½ כוס אפונה, טרייה או קפואה

4 כוסות מים

הוראות

להכנת מילוי הוונטון מניחים את הכרוב, הבצל הירוק, הנאמה שויו, ושמן שומשום בקערה ומערבבים היטב. מניחים בצד ל-15 דקות לפחות למרינדה וריכוך.

כדי להכין את עטיפות הוונטון, חתכו את קרפי התפוחים לשישה עשר ריבועים בגודל 3½ אינץ'.

כדי למלא את הוונטונים, תחילה סוחטים את כל הנוזלים העודפים מהמלית הכבוש, ושומרים את המרינדה לשימוש בבסיס המרק. לאחר מכן, הניחו כפית מילוי במרכז כל עטיפת וונטון. החזק את העטיפה עם הצד המבריק כלפי מעלה; זה הצד שהיה נגד הבטנה. מקפלים לשניים באלכסון כדי ליצור צורת משולש, מוודאים שהקצוות נפגשים. לחץ בחוזקה על הקצוות כדי לאטום. הרטיבו את פינות המשולש על ידי טבילת קצה האצבע בקערה קטנה של מים, והביאו את שני הקצוות יחד כך שהם חופפים. לחץ כדי לאטום.

להכנת בסיס המרק, יוצקים את המרינדה לקערה גדולה, יחד עם אפונה ומים. מערבבים היטב. מצקת לארבע קערות הגשה. מוסיפים את הוונטונים ומגישים מיד.

55 . <u>מרק וונטון פשוט</u>

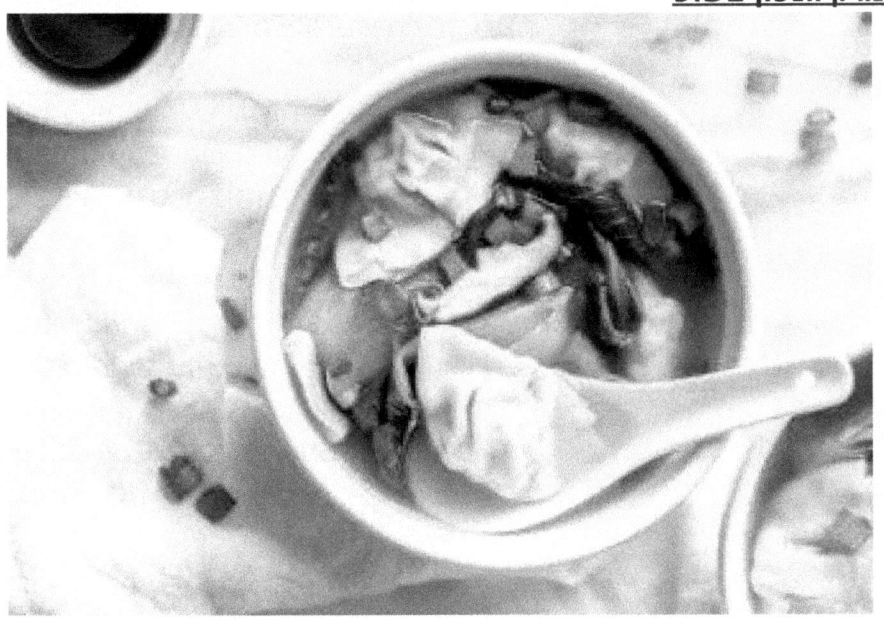

רכיבים

- 10 אונקיות בייבי בוק צ'וי או ירק ירוק דומה
- 1 כוס בשר חזיר טחון
- 2½ כפות שמן שומשום
- קורצים פלפל לבן
- 1 כף רוטב סויה מתובל
- ½ כפית מלח
- 1 כף יין שאוקסינג
- חבילה אחת של עורות וונטון
- 6 כוסות ציר עוף טוב
- 1 כף שמן שומשום
- פלפל לבן ומלח לפי הטעם
- 1 בצל ירוק, קצוץ

הוראות

a) התחל בשטיפה יסודית של הירקות. מביאים סיר גדול של מים לרתיחה ומלבינים את הירקות רק עד שהם נבולים. מסננים ושוטפים במים קרים. קחו גוש טוב של ירקות וסחטו בזהירות כמה שיותר מים. קוצצים דק מאוד את הירקות (אפשר גם לזרז את התהליך על ידי השלכתם למעבד המזון).

b) בקערה בינונית, הוסיפו את הירקות הקצוצים דק, בשר חזיר טחון, שמן שומשום, פלפל לבן, רוטב סויה, מלח ויין שאוקסינג. מערבבים היטב עד שהתערובת מתחלבת - כמעט כמו משחה.

c) עכשיו הגיע הזמן להרכיב! ממלאים קערה קטנה במים. תפסו עטיפה והשתמשו באצבעכם כדי להרטיב את קצוות העטיפה. מוסיפים לאמצע מעט יותר כפית מילוי. קפלו את העטיפה לשניים והצמידו את שני הצדדים יחד כך שתקבל אטימה יציבה.

d) החזק את שתי הפינות התחתונות של המלבן הקטן שזה עתה יצרת והפגיש את שתי הפינות. אתה יכול להשתמש במעט מים כדי לוודא שהם נדבקים. וזה הכל! ממשיכים להרכיב עד שכל המילוי נעלם. מניחים את הוונטונים על תבנית או תבנית מרופדת בנייר אפייה כדי למנוע הידבקות.

e) בשלב זה, ניתן לכסות את הוונטונים בניילון נצמד, להכניס את התבנית/צלחת למקפיא ולהעבירם לשקיות זיפלוק לאחר שהוקפאו. הם יישמרו כמה חודשים במקפיא, ויהיו מוכנים למרק וונטון מתי שתרצו.

f) להכנת המרק, חממו את ציר העוף לרתיחה והוסיפו שמן שומשום, פלפל לבן ומלח.

g) מביאים סיר נפרד של מים לרתיחה. מוסיפים בזהירות את הוונטונים אחד אחד לסיר. מערבבים כדי למנוע מהוונטונים להידבק לתחתית. אם הם נדבקים, אל תדאג, הם צריכים לצאת לחופשי ברגע שהם מבושלים. הם גמורים כשהם צפים. שימו לב לא לבשל אותם יתר על המידה.

h) מוציאים את הוונטונים בעזרת כף מחוררת ומכניסים לקערות. יוצקים את המרק על הוונטונים ומקשטים בבצל ירוק קצוץ. לְשָׁרֵת!

56 . מרק וונטון חזיר קלאסי

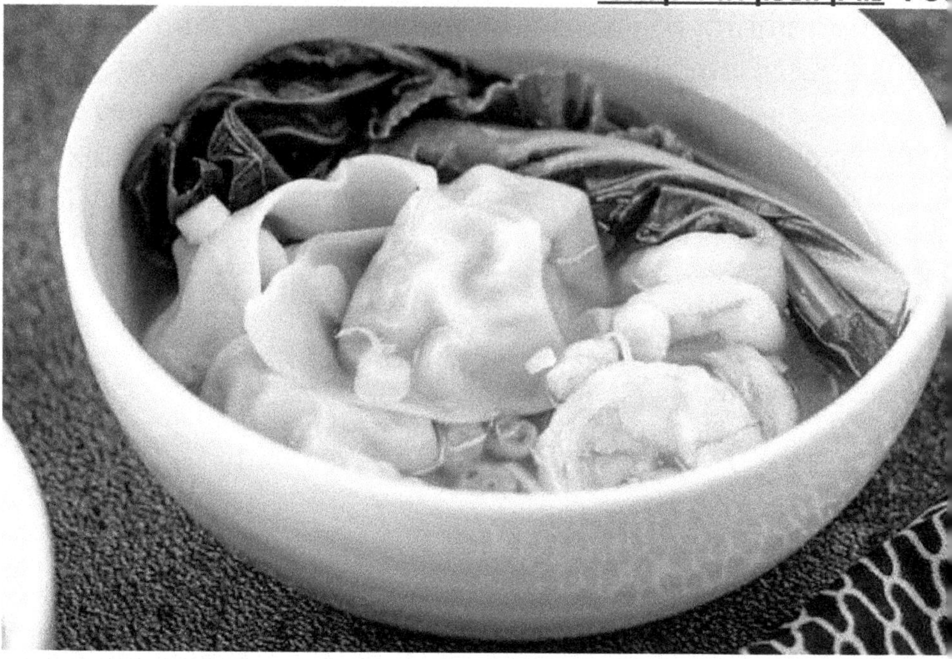

רכיבים

עטיפות וונטון

1 ק"ג בשר חזיר טחון

2 שיני שום, קצוצות

1 כף רוטב סויה

1 כף שמן שומשום

1 כף יין אורז

2 בצלים ירוקים, קצוצים

מלח ופלפל לפי הטעם

6 כוסות מרק עוף

הוראות

מערבבים בקערת מיקסר את בשר החזיר הטחון, השום, רוטב הסויה, שמן השומשום, יין האורז, הבצל הירוק, המלח והפלפל.

מניחים כף קטנה מתערובת החזיר במרכז כל עטיפת וונטון.

מרטיבים את הקצוות של עטיפת הוונטון במים, מקפלים לשניים ולוחצים לאטימה.

בסיר מביאים את מרק העוף לרתיחה.

מוסיפים את הוונטונים לסיר ומבשלים 5-7 דקות, או עד שהם צפים לפני השטח.

הגש חם.

57 . מרק וונטון צמחוני

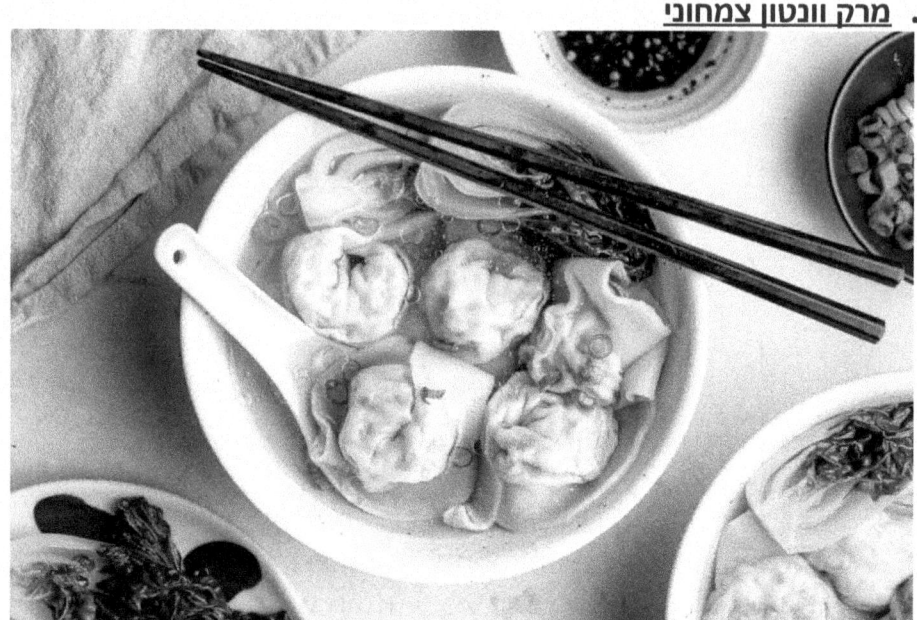

רכיבים

עטיפות וונטון

1/2 כוס פטריות קצוצות

1/2 כוס גזר קצוץ

1/2 כוס סלרי קצוץ

1/2 כוס כרוב קצוץ

1/4 כוס בצל ירוק קצוץ

2 שיני שום, קצוצות

1 כף רוטב סויה

1 כף שמן שומשום

6 כוסות מרק ירקות

הוראות

מטגנים במחבת את הפטריות, הגזר, הסלרי, הכרוב, הבצל הירוק והשום במשך כמה דקות.

מוסיפים את רוטב הסויה ושמן השומשום, וממשיכים לבשל עד שהירקות רכים.

מניחים כף קטנה מתערובת הירקות במרכז כל עטיפת וונטון.

מרטיבים את הקצוות של עטיפת הוונטון במים, מקפלים לשניים ולוחצים לאטימה.

בסיר מביאים את ציר הירקות לרתיחה.

מוסיפים את הוונטונים לסיר ומבשלים 5-7 דקות, או עד שהם צפים לפני השטח.

הגש חם.

58 . מרק וונטון עוף וירקות

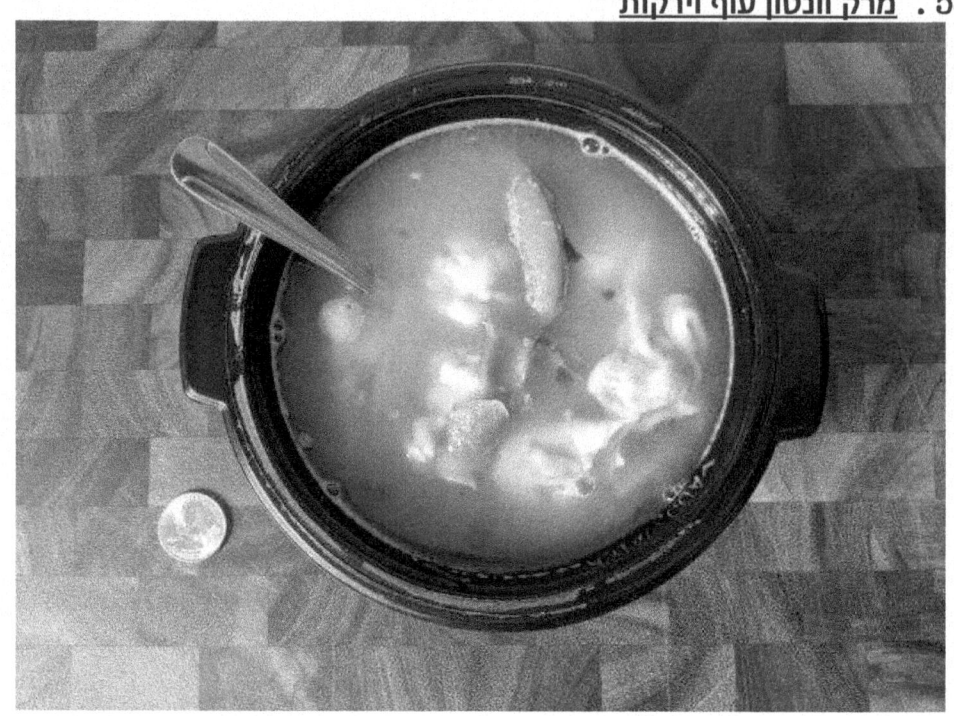

רכיבים

עטיפות וונטון
1/2 ק"ג עוף טחון
1/2 כוס פטריות קצוצות
1/2 כוס גזר קצוץ
1/2 כוס סלרי קצוץ
1/4 כוס בצל ירוק קצוץ
2 שיני שום, קצוצות
1 כף רוטב סויה
1 כף שמן שומשום
6 כוסות מרק עוף

הוראות
מטגנים במחבת את העוף הטחון, הפטריות, הגזר, הסלרי, הבצל הירוק והשום במשך כמה דקות.
מוסיפים את רוטב הסויה ושמן השומשום, וממשיכים לבשל עד שהירקות רכים והעוף מבושל.
מניחים כף קטנה מתערובת העוף והירקות במרכז כל עטיפת וונטון.
מרטיבים את הקצוות של עטיפת הוונטון במים, מקפלים לשניים ולוחצים לאטימה.
בסיר מביאים את מרק העוף לרתיחה.
מוסיפים את הוונטונים לסיר ומבשלים 5-7 דקות, או עד שהם צפים לפני השטח.
הגש חם.

59 . מרק שרימפס וונטון חריף

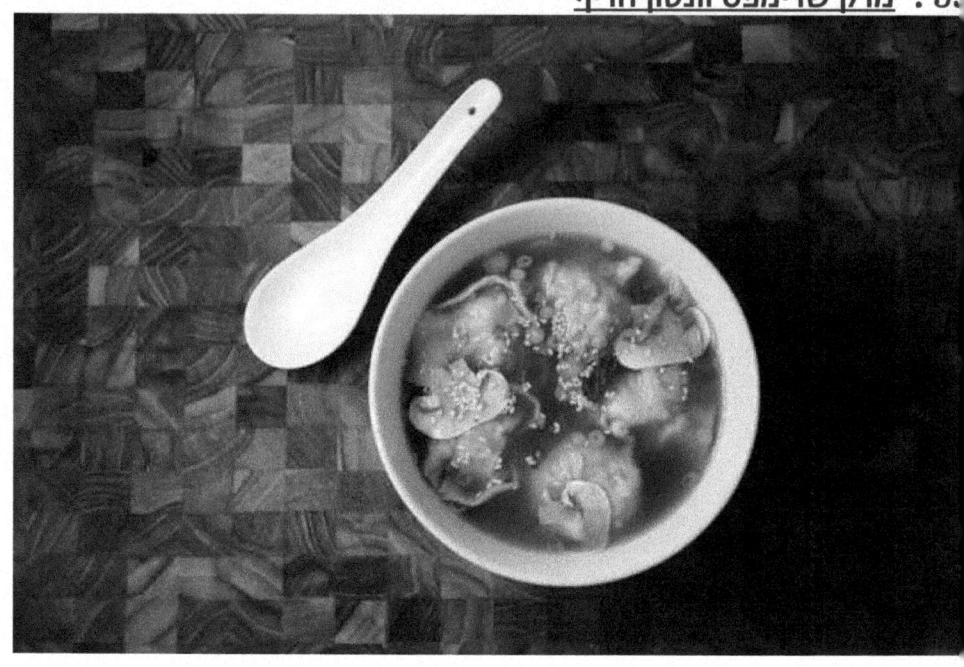

רכיבים

עטיפות וונטון
1/2 ק"ג שרימפס, קלוף ומפורק
1/2 כוס פטריות קצוצות
1/2 כוס גזר קצוץ
1/2 כוס סלרי קצוץ
1/4 כוס בצל ירוק קצוץ
2 שיני שום, קצוצות
1 כף רוטב סויה
1 כף שמן שומשום
1 כף פתיתי צ'ילי (או יותר לפי הטעם)
6 כוסות מרק עוף

הוראות

מטגנים במחבת את השרימפס, הפטריות, הגזר, הסלרי, הבצל הירוק והשום במשך כמה דקות.

מוסיפים את רוטב הסויה, שמן השומשום ופתיתי הצ'ילי, וממשיכים לבשל עד שהירקות רכים והשרימפס מבושל.

מניחים כף קטנה מתערובת השרימפס והירקות במרכז כל עטיפת וונטון.

מרטיבים את הקצוות של עטיפת הוונטון במים, מקפלים לשניים ולוחצים לאטימה.

בסיר מביאים את מרק העוף לרתיחה.

מוסיפים את הוונטונים לסיר ומבשלים 5-7 דקות, או עד שהם צפים לפני השטח.

הגש חם.

60. מרק תאילנדי קוקוס קארי ובטון

רכיבים

עטיפות וונטון

1/2 ק"ג בשר חזיר טחון

1/2 כוס פטריות קצוצות

1/2 כוס גזר קצוץ

1/2 כוס פלפל חריף קצוץ

2 שיני שום, קצוצות

1 כף משחת קארי אדום

1 כף רוטב דגים

1 כף סוכר חום

פחית אחת (13.5 אונקיות) חלב קוקוס

6 כוסות מרק עוף

הוראות

מטגנים במחבת את בשר החזיר הטחון, הפטריות, הגזר, הפלפל והשום במשך כמה דקות.

מוסיפים את משחת הקארי האדום, רוטב הדגים והסוכר החום, וממשיכים לבשל עוד דקה.

מוסיפים את חלב הקוקוס ומרק העוף, ומביאים לרתיחה.

מניחים כף קטנה מתערובת החזיר והירקות במרכז כל עטיפת וונטון.

מרטיבים את הקצוות של עטיפת הוונטון במים, מקפלים לשניים ולוחצים לאטימה.

בסיר מביאים את המרק לרתיחה.

מוסיפים את הוונטונים לסיר ומבשלים 5-7 דקות, או עד שהם צפים לפני השטח.

הגש חם.

61. מרק ג'ינג'ר חזיר וונטון

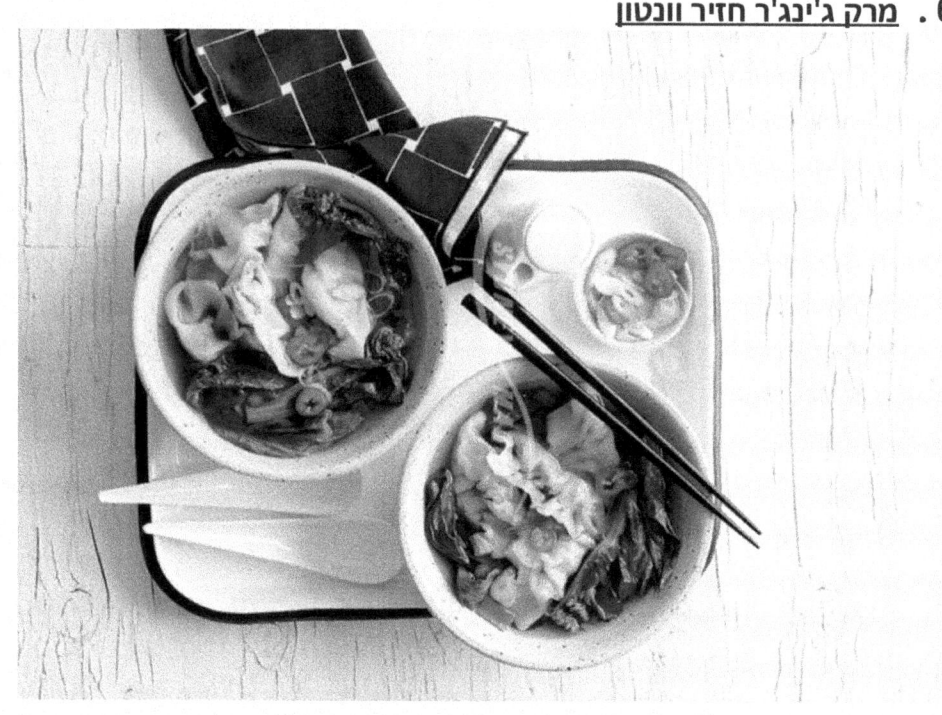

רכיבים

עטיפות וונטון
1 ק"ג בשר חזיר טחון
2 שיני שום, קצוצות
2 כפות ג'ינג'ר מגורר
1 כף רוטב סויה
1 כף שמן שומשום
6 כוסות מרק עוף
1/4 כוס בצל ירוק קצוץ
הוראות

בקערת ערבוב מערבבים את בשר החזיר הטחון, השום, הג'ינג'ר, רוטב הסויה, שמן השומשום והבצל הירוק.

מניחים כף קטנה מתערובת החזיר במרכז כל עטיפת וונטון.

מרטיבים את הקצוות של עטיפת הוונטון במים, מקפלים לשניים ולוחצים לאטימה.

בסיר מביאים את מרק העוף לרתיחה.

מוסיפים את הוונטונים לסיר ומבשלים 5-7 דקות, או עד שהם צפים לפני השטח.

הגש חם.

62. שום שרימפס וונטון מרק

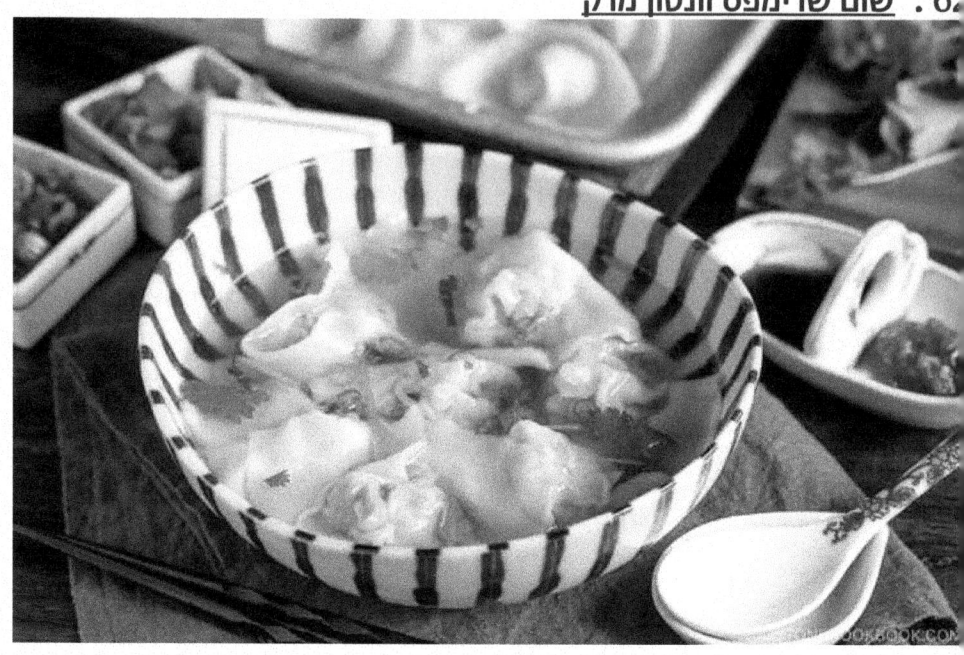

רכיבים

עטיפות וונטון
1/2 ק"ג שרימפס, קלוף ומפורק
2 שיני שום, קצוצות
1 כף רוטב סויה
1 כף שמן שומשום
6 כוסות מרק עוף
1/4 כוס בצל ירוק קצוץ
הוראות

מערבבים בקערת מיקסר את השרימפס, השום, רוטב הסויה, שמן השומשום והבצל הירוק.
מניחים כף קטנה מתערובת השרימפס במרכז כל עטיפת וונטון.
מרטיבים את הקצוות של עטיפת הוונטון במים, מקפלים לשניים ולוחצים לאטימה.
בסיר מביאים את מרק העוף לרתיחה.
מוסיפים את הוונטונים לסיר ומבשלים 5-7 דקות, או עד שהם צפים לפני השטח.
6. מגישים חם.

63 . מרק סצ'ואן וונטון חריף

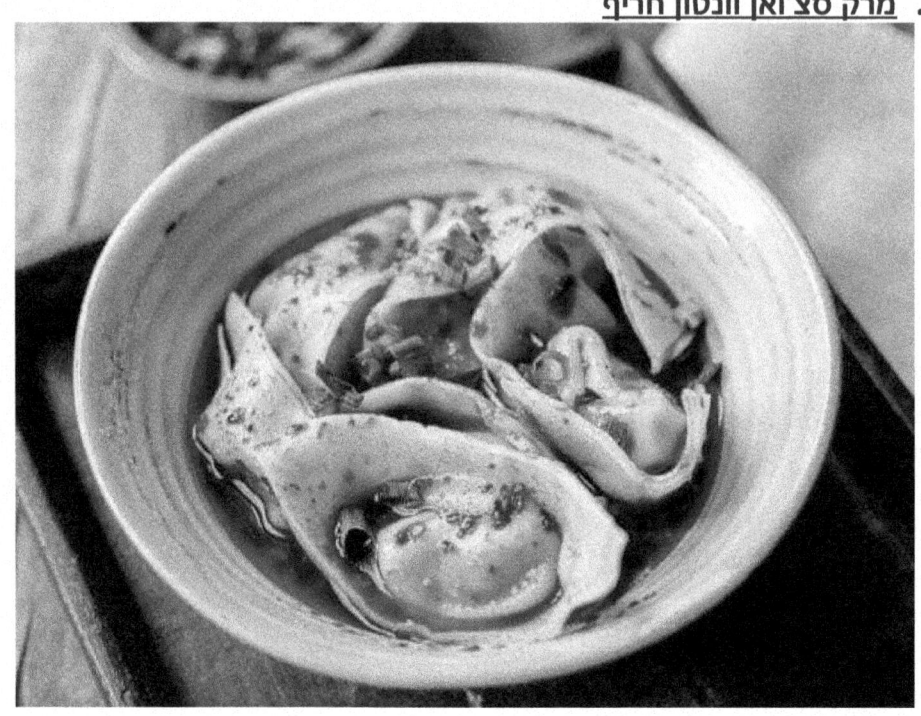

רכיבים

עטיפות וונטון

1/2 ק"ג בשר חזיר טחון

1/4 כוס בצל ירוק קצוץ

2 שיני שום, קצוצות

1 כף רוטב סויה

1 כף משחת צ'ילי

1 כף רוטב הוזין

1 כף חומץ אורז

6 כוסות מרק עוף

הוראות

בקערת ערבוב שלבו את בשר החזיר הטחון, הבצל הירוק, השום, רוטב הסויה, משחת הצ'ילי, רוטב הוסין וחומץ האורז.

מניחים כף קטנה מתערובת החזיר במרכז כל עטיפת וונטון.

מרטיבים את הקצוות של עטיפת הוונטון במים, מקפלים לשניים ולוחצים לאטימה.

בסיר מביאים את מרק העוף לרתיחה.

מוסיפים את הוונטונים לסיר ומבשלים 5-7 דקות, או עד שהם צפים לפני השטח.

הגש חם.

64 . מרק וונטון צמחוני

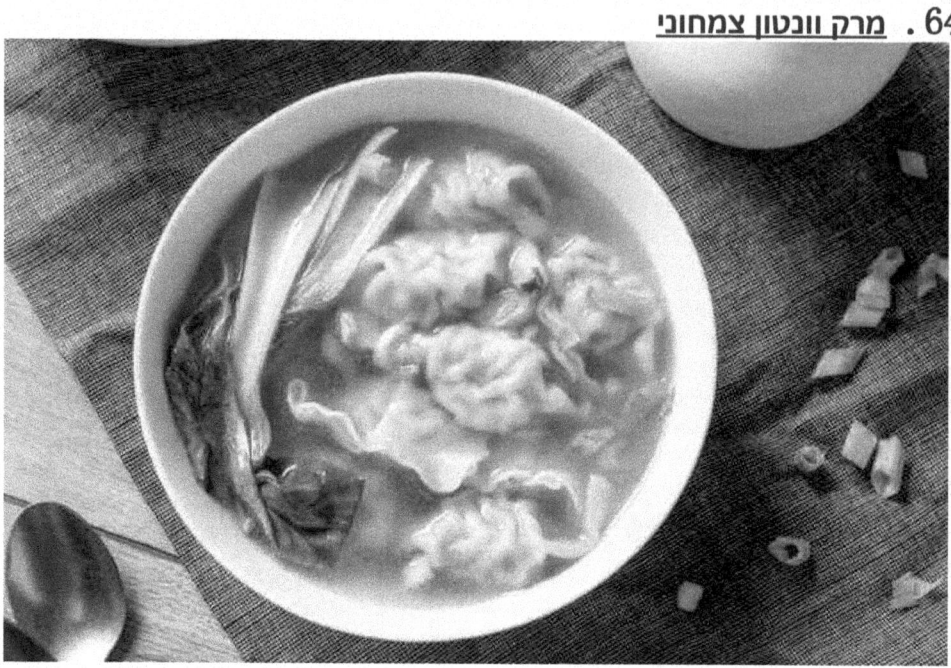

רכיבים

עטיפות וונטון
1/4 כוס פטריות שיטאקי קצוצות
1/4 כוס גזר קצוץ
1/4 כוס פלפל חריף קצוץ
1/4 כוס בצל ירוק קצוץ
2 שיני שום, קצוצות
1 כף רוטב סויה
1 כף שמן שומשום
6 כוסות מרק ירקות
הוראות

מטגנים במחבת את הפטריות, הגזר, הפלפל, הבצל הירוק והשום במשך כמה דקות.

מוסיפים את רוטב הסויה ושמן השומשום, וממשיכים לבשל עד שהירקות רכים.

מניחים כף קטנה מתערובת הירקות במרכז כל עטיפת וונטון.

מרטיבים את הקצוות של עטיפת הוונטון במים, מקפלים לשניים ולוחצים לאטימה.

בסיר מביאים את ציר הירקות לרתיחה.

מוסיפים את הוונטונים לסיר ומבשלים 5-7 דקות, או עד שהם צפים לפני השטח.

הגש חם.

65 . מרק עוף וונטון עשב לימון

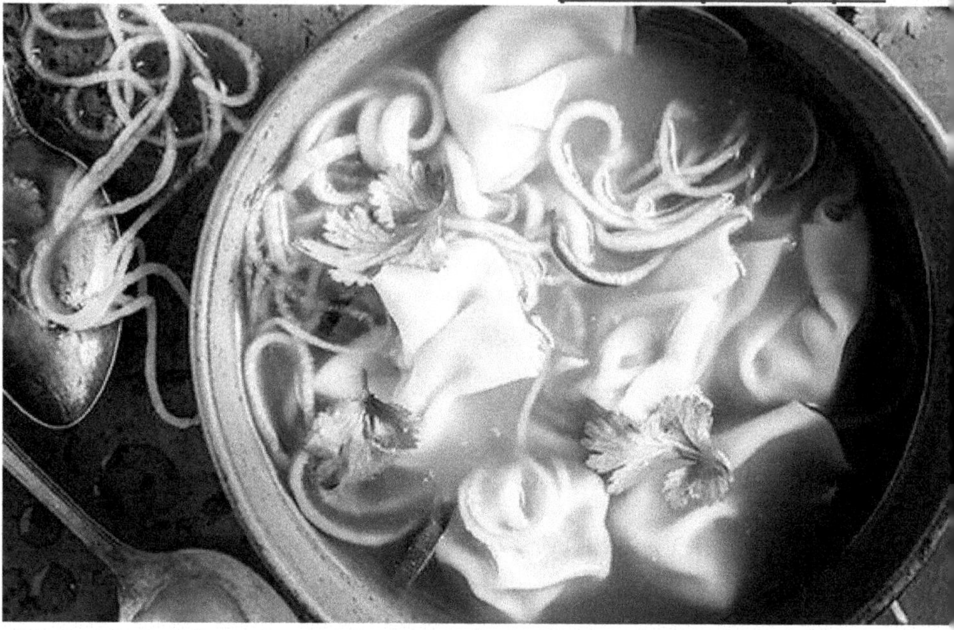

רכיבים

עטיפות וונטון

1/2 ק"ג עוף טחון

2 שיני שום, קצוצות

2 כפות עשב לימון טחון

1 כף רוטב סויה

1 כף שמן שומשום

6 כוסות מרק עוף

1/4 כוס כוסברה קצוצה

הוראות

מערבבים בקערת מיקסר את העוף הטחון, השום, הלמון גראס, רוטב הסויה, שמן השומשום והכוסברה.

מניחים כף קטנה מתערובת העוף במרכז כל עטיפת וונטון.

מרטיבים את הקצוות של עטיפת הוונטון במים, מקפלים לשניים ולוחצים לאטימה.

בסיר מביאים את מרק העוף לרתיחה.

מוסיפים את הוונטונים לסיר ומבשלים 5-7 דקות, או עד שהם צפים לפני השטח.

הגש חם.

66 . מרק חזיר וונטון חמוץ מתוק

רכיבים

עטיפות וונטון

1/2 ק"ג בשר חזיר טחון

2 שיני שום, קצוצות

1 כף רוטב סויה

1 כף שמן שומשום

1/4 כוס בצל ירוק קצוץ

1/4 כוס נתחי אננס

1/4 כוס פלפל אדום, קצוץ

1/4 כוס חומץ אורז

1/4 כוס סוכר חום

6 כוסות מרק עוף

הוראות

בקערת ערבוב מערבבים את בשר החזיר הטחון, השום, רוטב הסויה, שמן השומשום, הבצל הירוק, נתחי האננס והפלפל האדום.

2. מניחים כף קטנה מתערובת החזיר במרכז כל עטיפת וונטון.

מרטיבים את הקצוות של עטיפת הוונטון במים, מקפלים לשניים ולוחצים לאטימה.

בסיר מביאים את מרק העוף לרתיחה.

מוסיפים את הוונטונים לסיר ומבשלים 5-7 דקות, או עד שהם צפים לפני השטח.

במחבת נפרדת מערבבים את חומץ האורז והסוכר החום ומבשלים על אש בינונית עד שהסוכר נמס.

יוצקים את הרוטב החמוץ-מתוק לסיר מרק הוונטון ומערבבים.

הגש חם.

67 . מרק טום יאם שרימפס וונטון

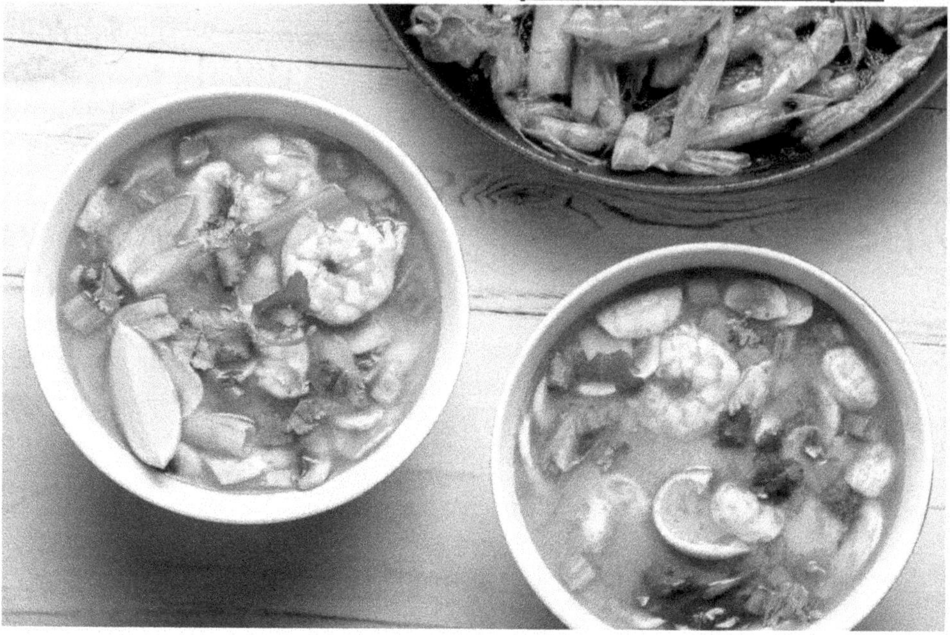

רכיבים

עטיפות וונטון
1/2 ק"ג שרימפס טחון
2 שיני שום, קצוצות
2 כפות עשב לימון טחון
1 כף רוטב דגים
1 כף מיץ ליים
2 כוסות מים
2 כוסות מרק עוף
1/4 כוס כוסברה קצוצה
1/4 כוס פטריות פרוסות
1/4 כוס עגבניות קצוצות
1/4 כוס בצל ירוק קצוץ
הוראות

בקערת ערבוב מערבבים את השרימפס הטחון, השום, הלימון, רוטב הדגים ומיץ הליים.

מניחים כף קטנה מתערובת השרימפס במרכז כל עטיפת וונטון.

מרטיבים את הקצוות של עטיפת הוונטון במים, מקפלים לשניים ולוחצים לאטימה.

בסיר מביאים לרתיחה את המים ומרק העוף.

מוסיפים את הוונטונים לסיר ומבשלים 5-7 דקות, או עד שהם צפים לפני השטח.

מוסיפים לסיר את הכוסברה, הפטריות, העגבניות והבצל הירוק ומבשלים עוד 5 דקות.

הגש חם.

68. מרק וונטון טורקיה

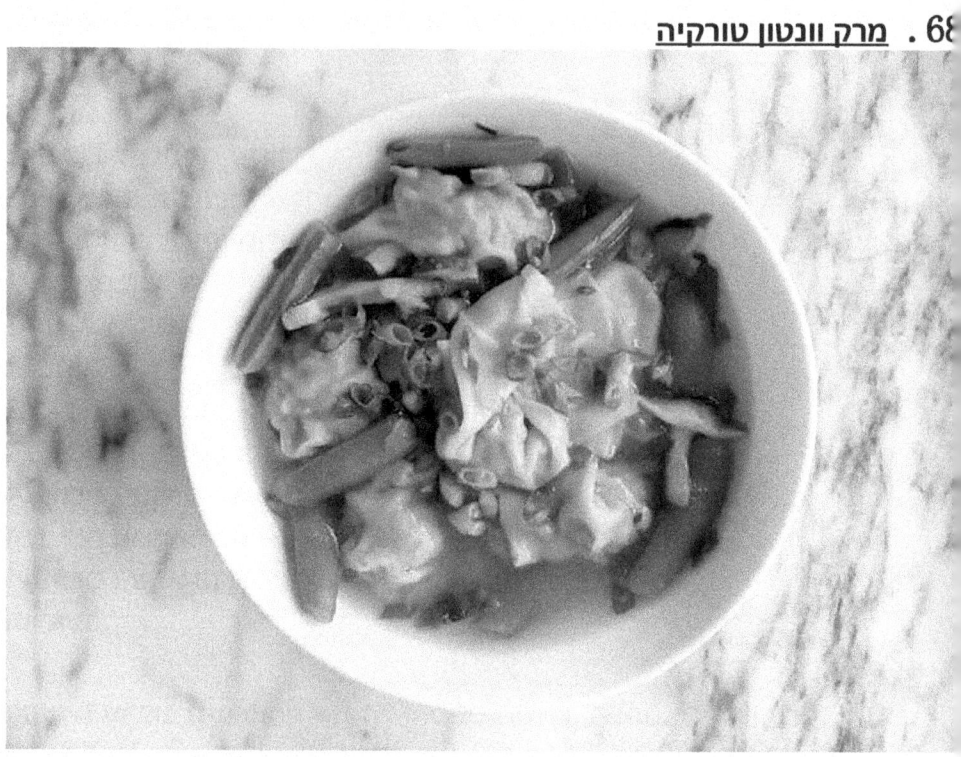

רכיבים

עטיפות וונטון
1/2 ק"ג הודו טחון
2 שיני שום, קצוצות
1 כף רוטב סויה
1 כף שמן שומשום
6 כוסות מרק עוף
1/4 כוס בצל ירוק קצוץ
1/4 כוס פטריות קצוצות
1/4 כוס גזר קצוץ
הוראות

בקערת ערבוב מערבבים את הודו הטחון, השום, רוטב הסויה ושמן השומשום.
מניחים כף קטנה מתערובת ההודו במרכז כל עטיפת וונטון.
מרטיבים את הקצוות של עטיפת הוונטון במים, מקפלים לשניים ולוחצים לאטימה.
4. בסיר מביאים את מרק העוף לרתיחה.

מוסיפים את הוונטונים לסיר ומבשלים 5-7 דקות, או עד שהם צפים לפני השטח.

מוסיפים לסיר את הבצל הירוק, הפטריות והגזר ומבשלים עוד 5 דקות.

הגש חם.

69 . מרק סרטנים רנגון וונטון

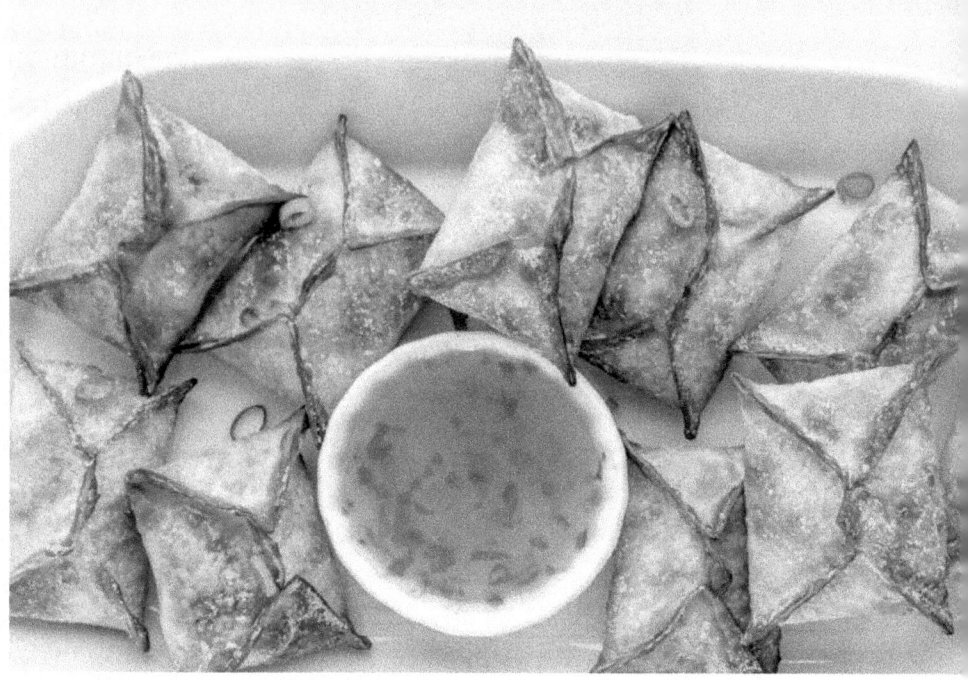

רכיבים

עטיפות וונטון

1/2 ק"ג חיקוי בשר סרטנים

4 גרם גבינת שמנת, מרוככת

1 כף רוטב סויה

1/4 כוס בצל ירוק קצוץ

2 כוסות מרק עוף

2 כוסות מים

1/4 כוס ניצני במבוק פרוסים

הוראות

מערבבים בקערת מיקסר את בשר הסרטנים החיקוי, גבינת השמנת, רוטב הסויה והבצל הירוק.

מניחים כף קטנה מתערובת הסרטנים במרכז כל עטיפת וונטון.

מרטיבים את הקצוות של עטיפת הוונטון במים, מקפלים לשניים ולוחצים לאטימה.

בסיר מביאים לרתיחה את מרק העוף והמים.

מוסיפים את הוונטונים לסיר ומבשלים 5-7 דקות, או עד שהם צפים לפני השטח.

מוסיפים את נצרי הבמבוק לסיר ומבשלים עוד 5 דקות.

הגש חם.

70. מרק וונטון בקר חריף

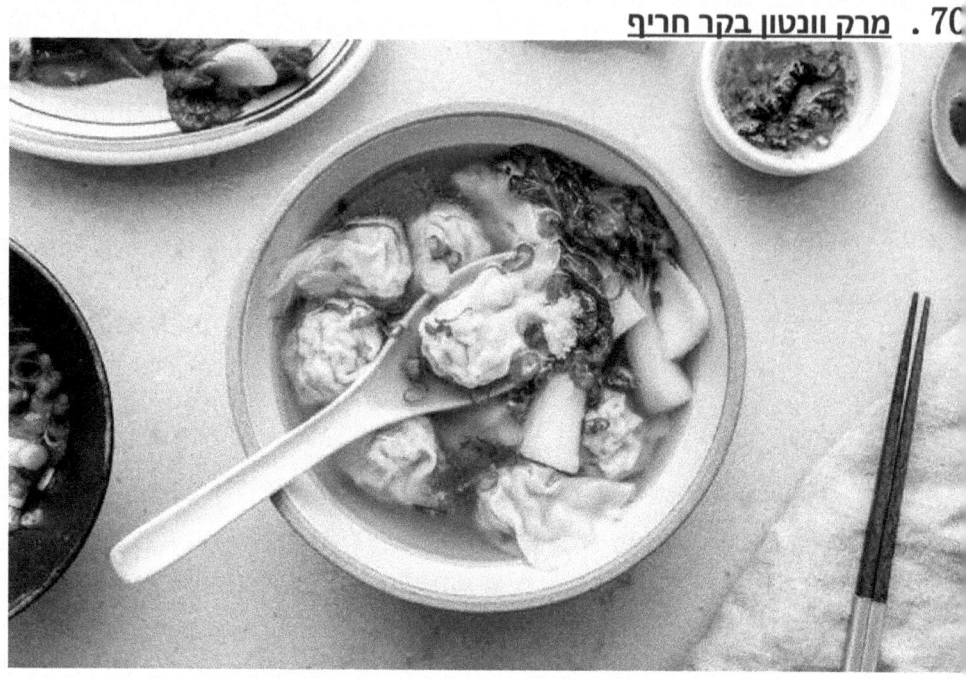

רכיבים

עטיפות וונטון
1/2 ק"ג בשר בקר טחון
2 שיני שום, קצוצות
1 כף רוטב שום צ'ילי
2 כוסות מרק בקר
2 כוסות מים
1/4 כוס כוסברה קצוצה
1/4 כוס בצל ירוק פרוס
הוראות

בקערת ערבוב מערבבים את הבשר הטחון, השום ורוטב השום צ'ילי.

מניחים כף קטנה מתערובת הבקר במרכז כל עטיפת וונטון.

מרטיבים את הקצוות של עטיפת הוונטון במים, מקפלים לשניים ולוחצים לאטימה.

בסיר מביאים לרתיחה את מרק הבקר והמים.

מוסיפים את הוונטונים לסיר ומבשלים 5-7 דקות, או עד שהם צפים לפני השטח.

מוסיפים לסיר את הכוסברה והבצל הירוק ומבשלים עוד 5 דקות.

הגש חם.

71. מרק שרימפס וסקלופ וונטון

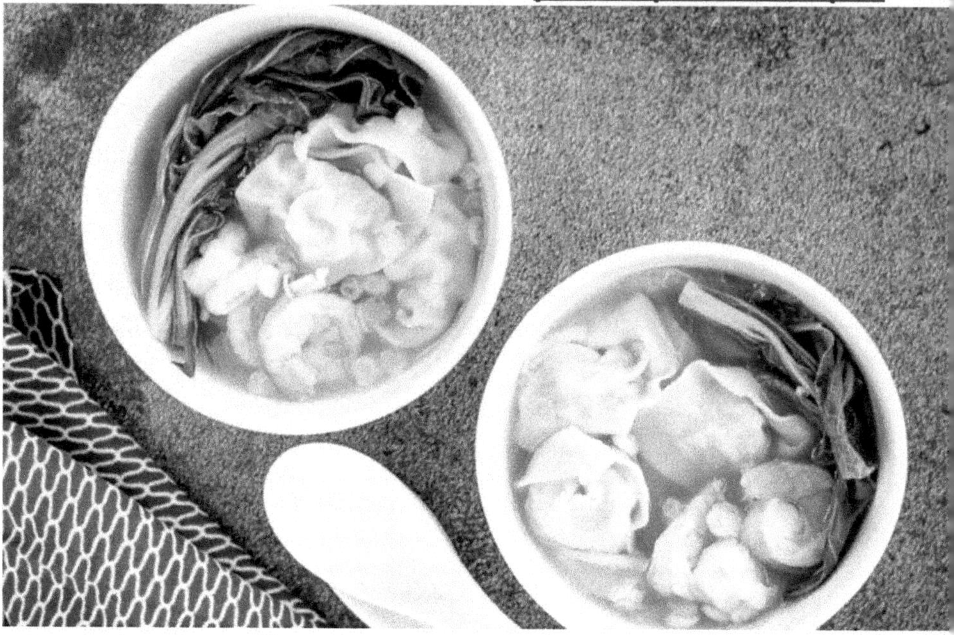

רכיבים

עטיפות וונטון
1/4 ק"ג שרימפס, קלוף ומפורק
1/4 ק"ג צדפות, פרוסות
1/4 כוס בוק צ'וי קצוץ
2 כוסות מרק עוף
2 כוסות מים
1 כפית ג'ינג'ר, טחון
1 כפית שום, טחון
1/4 כוס בצל ירוק פרוס
הוראות

בקערת ערבוב מערבבים את השרימפס, הצדפות, הבוק צ'וי, הג'ינג'ר
והשום.

מניחים כף קטנה מתערובת פירות הים במרכז כל עטיפת וונטון.

מרטיבים את הקצוות של עטיפת הוונטון במים, מקפלים לשניים ולוחצים
לאטימה.

בסיר מביאים לרתיחה את מרק העוף והמים.

מוסיפים את הוונטונים לסיר ומבשלים 5-7 דקות, או עד שהם צפים לפני
השטח.

מוסיפים את הבצל הירוק לסיר ומבשלים עוד 5 דקות.

הגש חם.

72 . מרק וונטון עם רוטב חמאת בוטנים

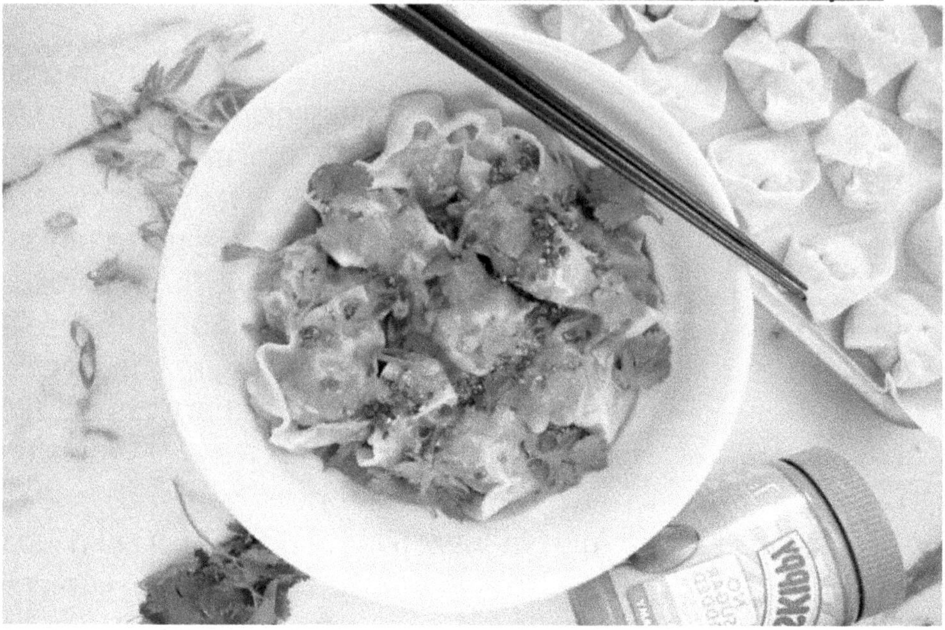

רכיבים

עטיפות וונטון
1/2 ק"ג בשר חזיר טחון
2 שיני שום, קצוצות
1 כף רוטב סויה
1 כף שמן שומשום
2 כוסות מרק עוף
2 כוסות מים
1/4 כוס חמאת בוטנים חלקה
1 כף חומץ אורז
1 כפית דבש
1/4 כוס בצל ירוק פרוס
הוראות

בקערת ערבוב מערבבים את בשר החזיר הטחון, השום, רוטב הסויה ושמן השומשום.

מניחים כף קטנה מתערובת החזיר במרכז כל עטיפת וונטון.

מרטיבים את הקצוות של עטיפת הוונטון במים, מקפלים לשניים ולוחצים לאטימה.

בסיר מביאים לרתיחה את מרק העוף והמים.

מוסיפים את הוונטונים לסיר ומבשלים 5-7 דקות, או עד שהם צפים לפני השטח.

בקערה קטנה, טורפים יחד את חמאת הבוטנים, חומץ האורז, הדבש ומעט מים כדי ליצור רוטב.

מגישים את הוונטונים בקערות מרק ומטפטפים מעל את רוטב חמאת הבוטנים. מקשטים בבצל ירוק.

73. מרק וונטון עם ירקות ואטריות

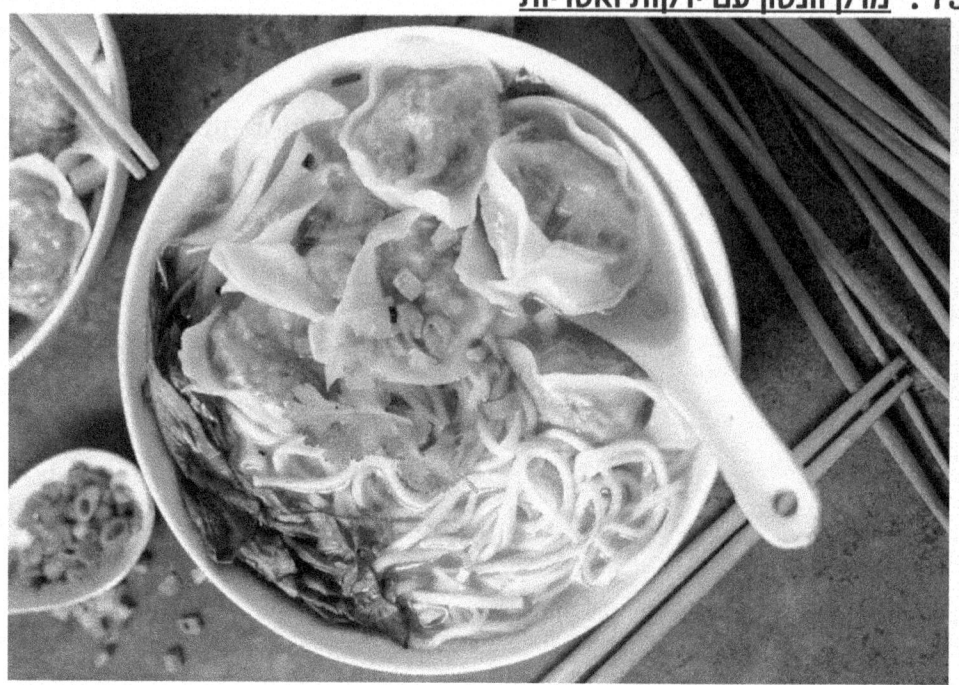

רכיבים

עטיפות וונטון
1/2 ק"ג עוף טחון
1 כוס בוק צ'וי קצוץ
1 כוס פטריות פרוסות
2 כוסות מרק עוף
2 כוסות מים
1 כף רוטב סויה
1 כפית שמן שומשום
2 כוסות אטריות ביצים מבושלות
1/4 כוס בצל ירוק פרוס
הוראות

בקערת ערבוב מערבבים את העוף הטחון, הבוק צ'וי והפטריות.
מניחים כף קטנה מתערובת העוף במרכז כל עטיפת וונטון.
מרטיבים את הקצוות של עטיפת הוונטון במים, מקפלים לשניים ולוחצים לאטימה.
בסיר מביאים לרתיחה את מרק העוף והמים.
מוסיפים את הוונטונים לסיר ומבשלים 5-7 דקות, או עד שהם צפים לפני השטח.
מוסיפים לסיר את רוטב הסויה, שמן השומשום ואטריות הביצים המבושלות ומבשלים עוד 5 דקות.
מגישים חם, מעוטר בבצל ירוק.

מנה עיקרית

74 . רביולי עם מסקרפונה וסקלופ

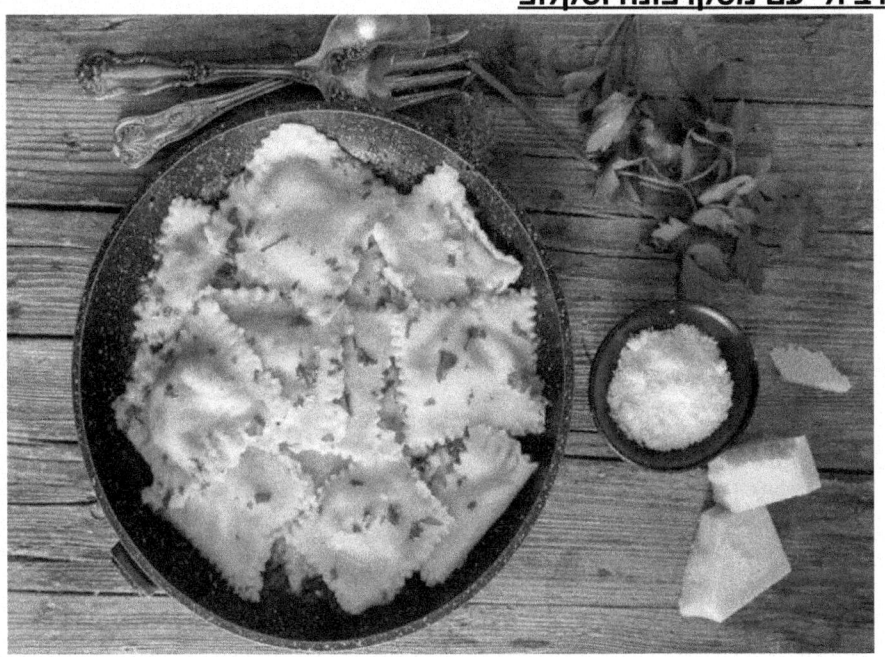

מגישים 4

רכיבים

- 12 צדפות גדולות
- 2 כפיות גרידת לימון
- 1 כף מיץ לימון
- 1 כוס עגבניות טריות חתוכות לקוביות
- 1 כף שמן זית
- 2 כפות יין לבן יבש
- 1/2 כוס ציר דגים
- 1/2 כוס שמנת 35 אחוז לבישול
- 2 בצלי שאלוט יבשים, קצוצים דק
- 1 שן שום קטנה, קצוצה
- 3 כפות בזיליקום קצוץ

בשביל הרביולי

- 1 כוס פלוס 2 כפות מסקרפונה קרה
- 24 עטיפות וונטון מרובעות
- ביצה 1
- 1/2 כפית פלפל אספלט
- מלח ופלפל גרוס טרי לפי הטעם
- 1 כף עמילן תירס

כיוונים

a) מגררים את גרידת הלימון דק. מניחים את עמילן התירס בקערה קטנה. מפרידים את החלבון והחלמון. בקערה מניחים את המסקרפונה, החלמון, פלפל האספלט, מלח ופלפל.

b) מוסיפים ½ כפית כל אחד מקליפת הלימון ומהבזיליקום ומערבבים את כל החומרים יחד.

c) על מגבת אדים, פורשים עטיפות 12-וונטון ומברישים בחלבון הביצה. מניחים 1 כפית מלית מסקרפונה במרכז כל ריבוע ומכסים כל אחד בריבוע שני. דואגים להכניס תחילה את האצבעות לעמילן התירס, לוחצים מסביב למילוי כדי להוציא אוויר ולאטום את החבילות. מכסים ומקררים עד לשימוש.

d) כשמוכנים להגיש את הרביולי, שמים מים בסיר גדול, מוסיפים מלח ומביאים לרתיחה. יוצקים שפריץ שמן זית למחבת, מחממים לגבוה וצורבים

את הסקלופים משני הצדדים. מסירים מהאש, מניחים צדפות על תבנית עם נייר אפייה ומניחים בצד. מחממים תנור ל-350 F.

e) מחזירים את המחבת לאש עם שפריץ שמן זית ומאדים את בצל השאלוט והשום, אך לא צובעים אותם. על אש גבוהה, מכסים את המחבת עם היין הלבן. מערבבים כמה דקות, מוסיפים את ציר הדגים ומצמצמים לחצי. מוסיפים את השמנת וממשיכים לבשל על אש בינונית כדי לאגד את הרוטב.

f) לסיום הרוטב, מוסיפים את העגבניות, את חצי כפית גרידת הלימון הנותרת, את הבזיליקום ומיץ הלימון. מתבלים במלח ופלפל. כבה את החום.

g) בשלב זה הכניסו את הצדפות לתנור למשך 4 עד 5 דקות, תלוי בגודלן, להשלמת הבישול. מחממים את צלחות ההגשה. זורקים בזהירות את הרביולי למים רותחים מומלחים למשך 2 עד 3 דקות. מוציאים מהסיר בעזרת כף מחוררת ומסננים. מסירים את הצדפות מלמעלה. מוסיפים לרוטב את כל מיץ הצדפות שיש. אם מגישים כמנה עיקרית, מניחים שלושה רביולי במרכז כל צלחת, שלושה צדפות מסביב לוונטונים ויוצקים רוטב על רביולי.

h) מעטרים כל צלחת עם עלה בזיליקום ופלפל גרוס טרי.

75. הוואי טונה בגריל עם אצות

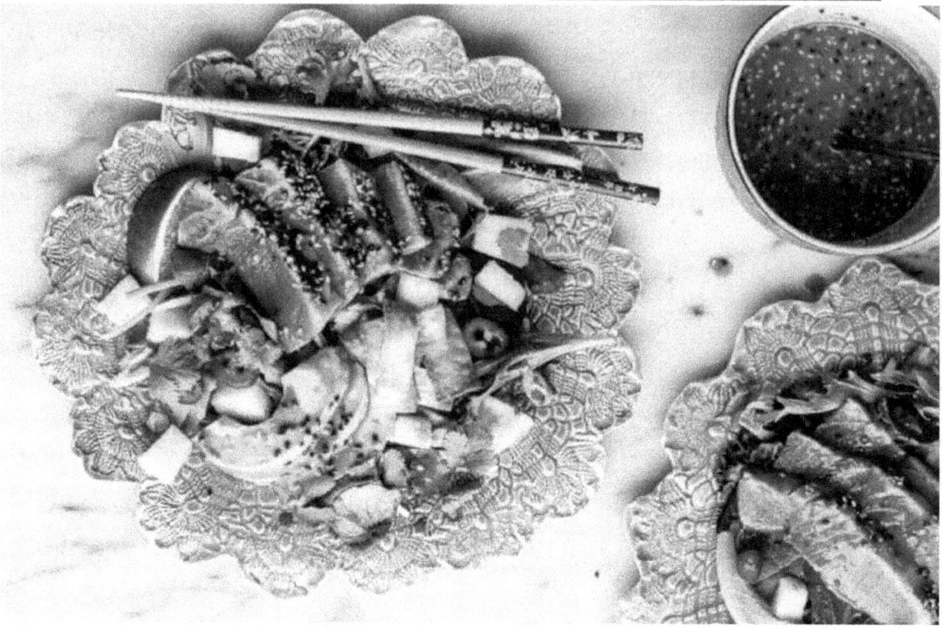

מכינה: 2 מנות

רכיבים
- ½ כוס רוטב סויה
- 3 כפות דבש
- 1 כף ג'ינג'ר טרי טחון
- 2 כפיות שום טחון
- פלפל שחור גרוס טרי לפי הטעם.
- 2 סטייקים טונה
- 2 כפות חומץ יין אורז
- 2 כפות רוטב סויה
- 2 כפות מיץ לימון
- ½ כפית קליפת לימון מגורדת
- 1 כף ג'ינג'ר טרי טחון
- 1 כפית שום טחון
- 2 כפות בצל ירוק טחון
- ¼ כפית פתיתי פלפל אדום
- ¼ כוס שמן זית
- חצי חבילה של עטיפות וונטון
- שמן צמחי לטיגון עמוק
- ¼ כוס אצות
- ½ כוס עלי רדיקיו בגודל ביס
- ½ כוס אנדיב פרוס
- ½ כוס עלי בייבי תרד
- 2 כפות פלפל צהוב ג'וליאן
- 2 כפות פלפל אדום ג'וליאן
- נבטי צנון
- ג'ינג'ר כבוש
- קוויאר הזהב
- שומשום בהיר
- שומשום כהה

הוראות

a) בקערה מערבבים יחד את 5 **המרכיבים הראשונים** .

b) שמים את סטייק הטונה במחבת ויוצקים את התערובת מעל, מצפים את הטונה מכל הצדדים. משרים את הדג במשך 15 דקות.

c) לאחר מכן מעבירים את הטונה הכבושה לגריל מחומם וצולים 1-2 דקות מכל צד. טורפים בקערה את כל מרכיבי הרוטב.

d) מחממים את שמן הטיגון ל-350 מעלות. חותכים את עטיפות הוונטון לרצועות ג'וליאן ומטגנים אותן בשמן עמוק עד להזהבה.

e) מסננים אותם על נייר סופג. בקערה לזרוק יחד את האצות, עלי רדיקיו, אנדיב פרוס, עלי תרד בייבי, פלפל צהוב ז'וליאן ופלפל אדום ז'וליאן.

f) מסדרים אצות וירוקים במרכז 2 צלחות הגשה ומעליהן את רצועות הוונטון המטוגנות. מטפטפים מעט מהרוטב, מעלים את הטונה ומטפטפים עוד רוטב.

g) מקשטים במקבץ קטן של נבטי צנון, ג'ינג'ר כבוש, טוביקו, שומשום בהיר, שומשום כהה וקוויאר זהוב.

76. וונטונים של ירקות ופירות ים אפויים

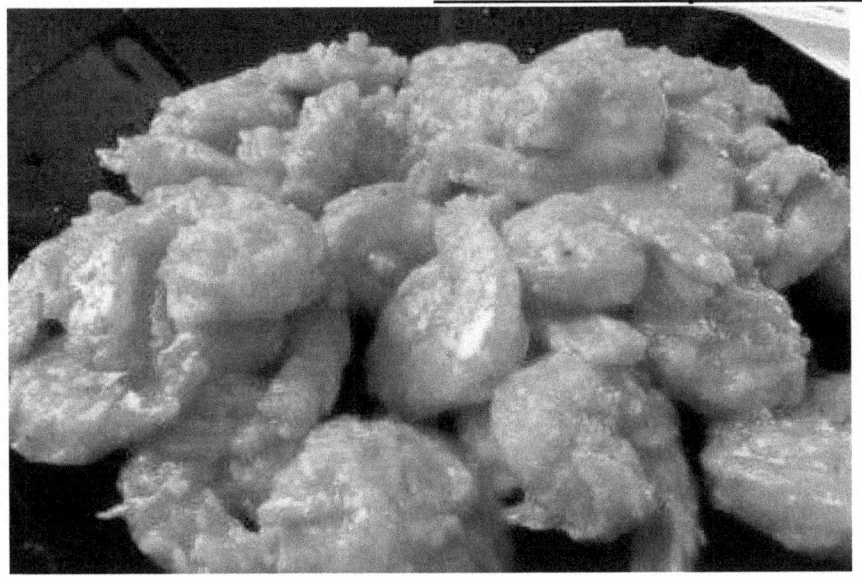

תשואה: 6 מנות

מַרכִּיב

- 1 מעטפה תערובת מרק ירקות
- 15 אונקיות של פלפל שחור
- 40 עטיפות וונטון
- גבינת ריקוטה
- חצי קילו בשר סרטנים חיקוי, קצוץ
- ¼ כפית אבקת שום
- ⅛ כפית
- 1 כף שמן צמחי או זית

a) מחממים תנור ל-350~F.

b) בקערה בינונית, משלבים תערובת מרק, גבינה, סרטן, אבקת שום ופלפל מניחים 1 כף תערובת במרכז כל וונטון. מברישים את הקצוות במים; קפל כל פינה למרכז ולחץ כדי לאטום.

c) מסדרים את צד התפר כלפי מטה על דף עוגיה משומן קלות; להבריש וונטונים בשמן. אופים 25 דקות או עד שהם פריכים וזהובים, הופכים פעם אחת.

77 . וונטונים של ירקות ופירות ים

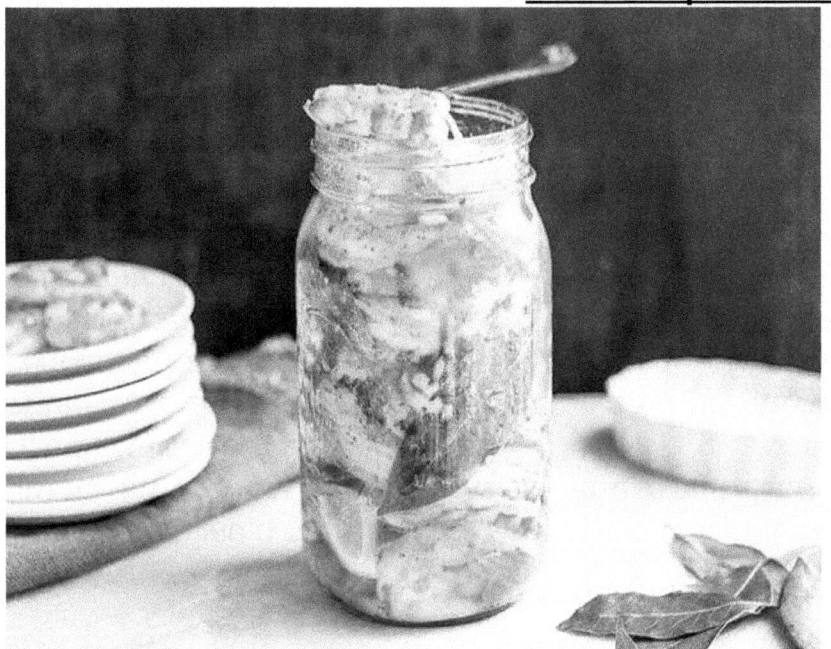

תשואה: 6 מנות

מַרכִּיב

- 1 מעטפה תערובת מרק ירקות
- 15 אונקיות גבינת ריקוטה
- חצי קילו בשר סרטנים חיקוי, קצוץ
- ¼ כפית אבקת שום
- ⅛ כפית פלפל שחור
- 40 עטיפות וונטון
- 1 כף שמן צמחי או זית

בקערה בינונית, משלבים תערובת מרק, גבינה, סרטן, אבקת שום ופלפל מניחים 1 כף תערובת במרכז כל וונטון. מברישים את הקצוות במים; קפל כל פינה למרכז ולחץ כדי לאטום.

מסדרים את צד התפר כלפי מטה על דף עוגיה משומן קלות; להבריש וונטונים בשמן. אופים 25 דקות או עד שהם פריכים וזהובים, הופכים פעם אחת.

78. וונטונים של ברווז וג'ינג'ר

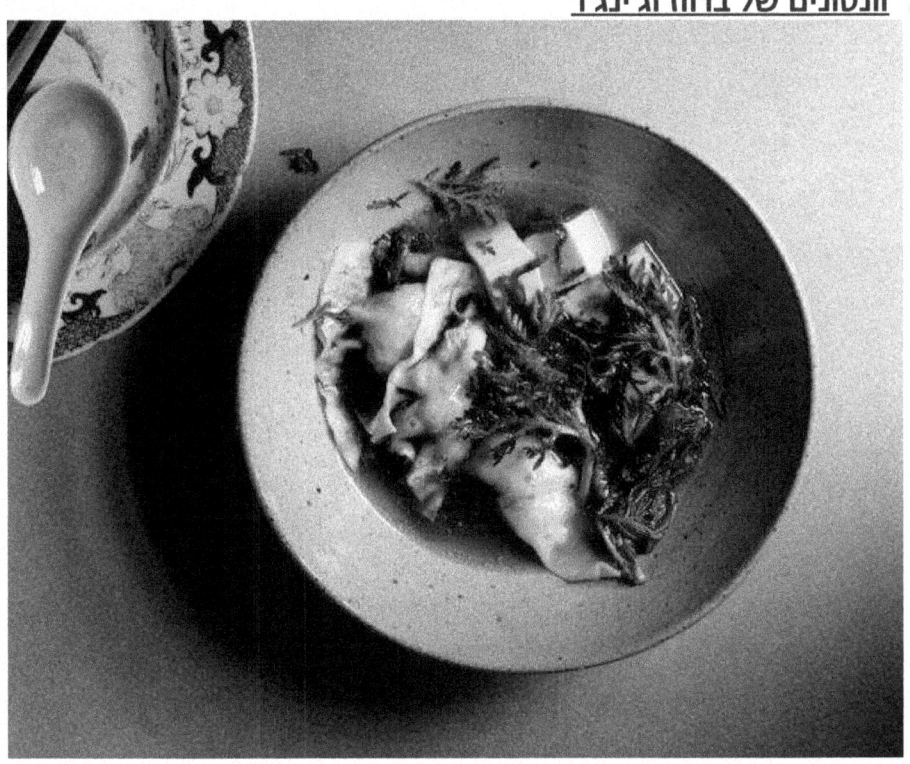

מכינה: מנה אחת

רכיבים
- 1 חבילה של עטיפות וונטון
- 1 חזה ברווז; עור, גידים הוסר
- 2 כפות ג'ינג'ר שמור
- 1 כף רוטב סויה
- 2 כפות כוסברה; קצוץ
- שמן חמניות לטיגון עמוק
- 1 צ'ילי; קצוץ דק
- 2 שיני שום; קצוץ דק
- 2 כפות סוכר
- 2 כפות חומץ אורז

a) מערבבים את הברווז עם הג'ינג'ר, הסויה והכוסברה ומניחים כפיות על שתי עטיפות, שלוש בכל פעם, מרטיבים וסוגרים.

b) יוצרים משולשים או שקיות כסף ומטגנים בשמן עמוק עד להזהבה.

c) מייבשים על נייר מטבח ומגישים עם רוטב טבילה.

d) להכנת הרוטב מרתיחים יחד את כל החומרים עד לקבלת תערובת סמיכה.

178

Ground Turkey עם Go Gees . 79

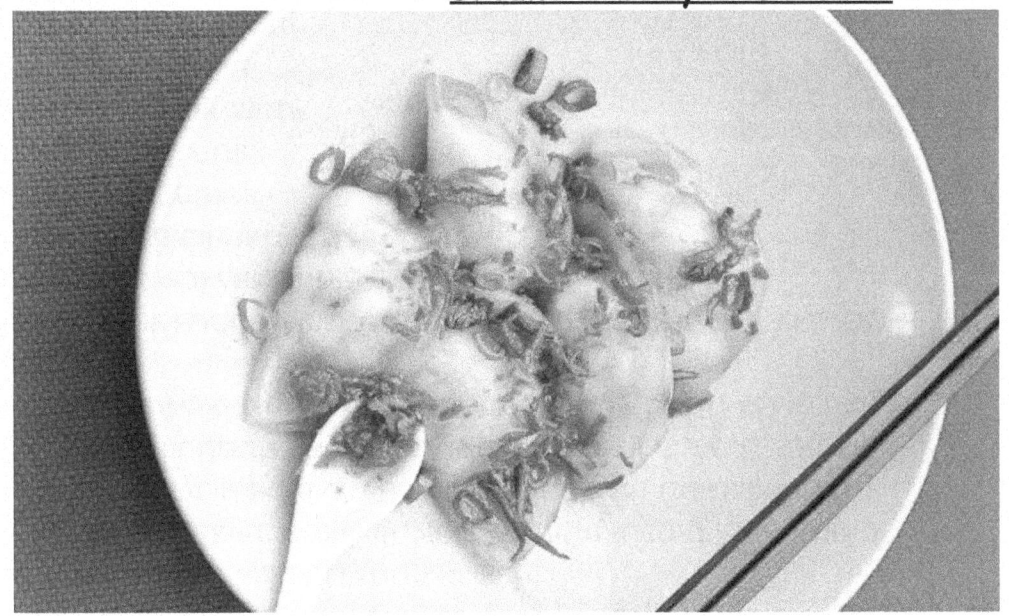

- 1½ כוסות הודו טחון
- 1½ כפות רוטב צדפות
- 2 כפיות רוטב סויה
- 1 כפית שמן שומשום
- 1½ בצל ירוק, טחון
- 1 כף ג'ינג'ר טחון
- חבילה 1 עטיפות וונטון (גיוזה).
- 4-6 כוסות שמן לטיגון עמוק

שלבו את הודו הטחון, רוטב צדפות, רוטב סויה, שמן שומשום, בצל ירוק וג'ינג'ר.

מוסיפים שמן לווק שחומם מראש ומחממים ל-375 מעלות צלזיוס. עטפו את גואו בזמן ההמתנה שהשמן יתחמם. מניחים 1 כפית מילוי באמצע העטיפה. מרטיבים את קצוות העטיפה, מקפלים את המילוי ואוטמים ומכווצים את הקצוות. המשך עם שאר הוונטונים. מכסים את הוונטונים שהושלמו במגבת אדים כדי למנוע ייבוש.

החלק בזהירות את ה-gow gees לתוך הווק, כמה בכל פעם. מטגנים בשמן עמוק עד שהם מזהיבים (כ-2 דקות). מוציאים בעזרת כף מחוררת ומסננים על נייר סופג.

80 . מדבקות סיר עם יין אורז קונג'אק

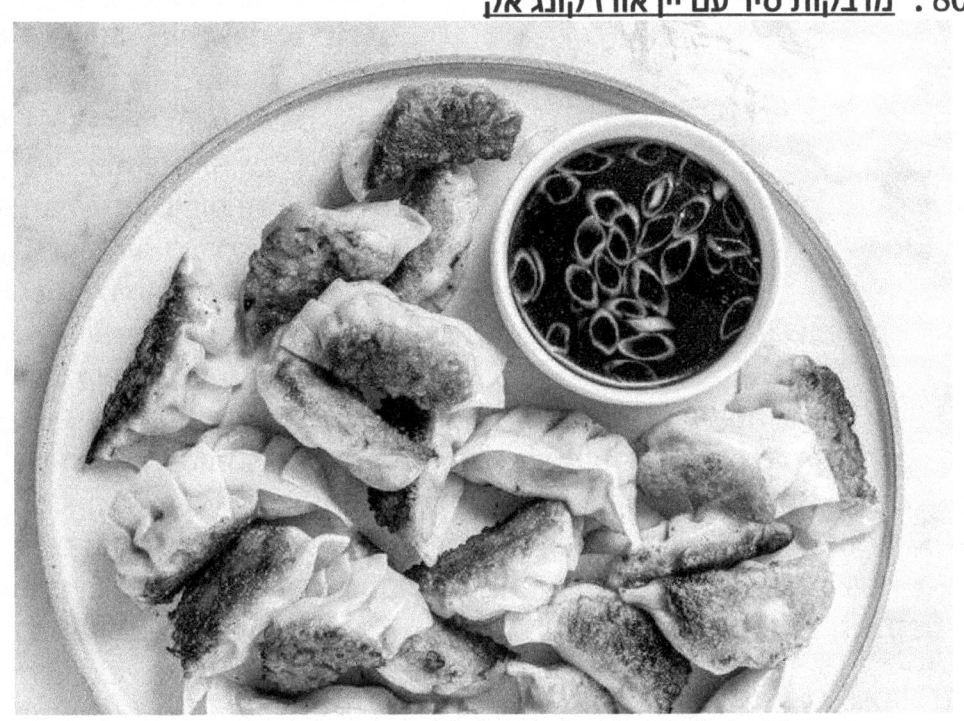

- 1½ כוסות חזיר טחון
- 3 כפיות יין אורז סיני או שרי יבש
- 3 כפיות רוטב סויה
- 1½ כפיות שמן שומשום
- 1½ כפות בצל קצוץ
- חבילה 1 עטיפות וונטון (גיוזה).
- ½ כוס מים למדבקות סיר רותח
- שמן לטיגון לפי הצורך

שלבו את בשר החזיר הטחון, יין אורז קונג'אק, רוטב סויה, שמן שומשום ובצל קצוץ.

להכנת מדבקות הסיר: מניחים 1 כפית מילוי באמצע העטיפה. מרטיבים את קצוות העטיפה, מקפלים את המילוי ואוטמים ומכווצים את הקצוות. ממשיכים עם שאר המדבקות. מכסים את המדבקות המושלמות במגבת אדים כדי למנוע ייבוש.

הוסף 2 כפות שמן לווק או מחבת שחומם מראש (1 כף אם משתמשים במחבת טפלון). כשהשמן חם, מוסיפים כמה מהמדבקות, כשהצד החלק כלפי מטה. אין להקפיץ, אלא לבשל כדקה.

הוסף ½ כוס מים. אל תהפוך את המדבקות. מבשלים, מכוסה, עד שרוב הנוזלים נספגים. חושפים ומבשלים עד שהנוזלים מתאדים. משחררים את המדבקות בעזרת מרית ומגישים כשהצד השרוף כלפי מעלה. מגישים עם רוטב טבילה Potsticker

Gow Gees .81 מסורתי

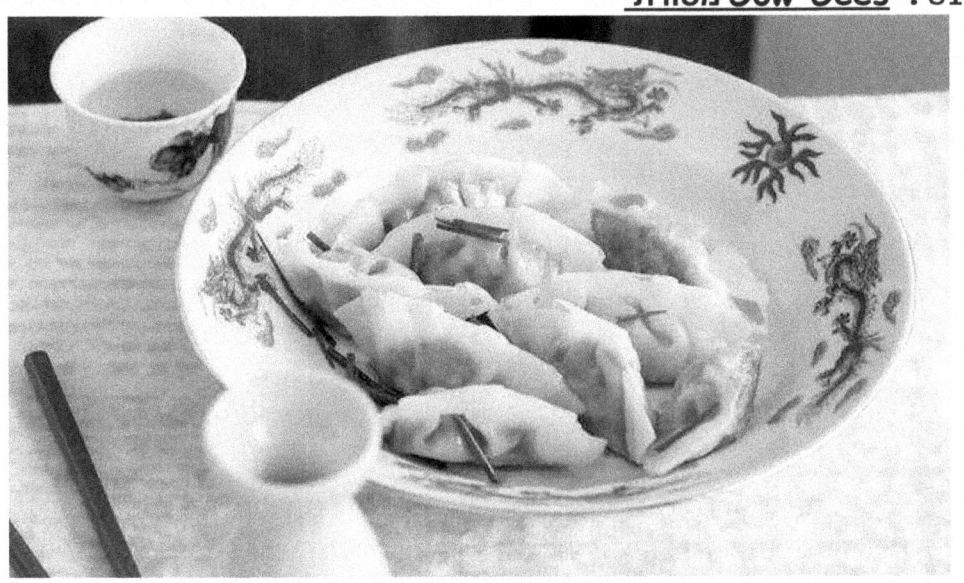

- ¼ פאונד (4 אונקיות) שרימפס
- 3 פטריות בינוניות מיובשות
- 1 כוס בשר חזיר טחון
- 1 עלה כרוב נאפה, מגורר
- 1½ בצל ירוק, פרוס דק
- ¼ כפית ג'ינג'ר טחון
- 2 כפיות יין אורז סיני או שרי יבש
- 2 כפיות רוטב סויה
- 1 כפית שמן שומשום
- חבילה 1 עטיפות וונטון (גיוזה).
- 4-6 כוסות שמן לטיגון עמוק

שוטפים, חותכים וקוצצים דק את השרימפס. משרים את הפטריות המיובשות במים חמים למשך 20 דקות לפחות לריכוך. מסננים, מסירים את הגבעולים ופורסים דק.

שלבו את בשר החזיר הטחון, שרימפס, כרוב, בצל ירוק, פטריות מיובשות, ג'ינג'ר, יין אורז קונג'אק, רוטב סויה ושמן שומשום.

מוסיפים שמן לווק שחומם מראש ומחממים ל-375 מעלות צלזיוס. עטפו את גואו בזמן ההמתנה שהשמן יתחמם. מניחים 1 כפית מילוי באמצע העטיפה. מרטיבים את קצוות העטיפה, מקפלים את המילוי ואוטמים, מכווצים את הקצוות. המשך עם שאר הוונטונים. מכסים את הוונטונים שהושלמו במגבת אדים כדי למנוע ייבוש.

החלק בזהירות את ה-gow gees לתוך הווק, כמה בכל פעם. מטגנים בשמן עמוק עד שהם מזהיבים (כ-2 דקות). מוציאים בעזרת כף מחוררת ומסננים על נייר סופג.

82. כופתאות Siu Mai

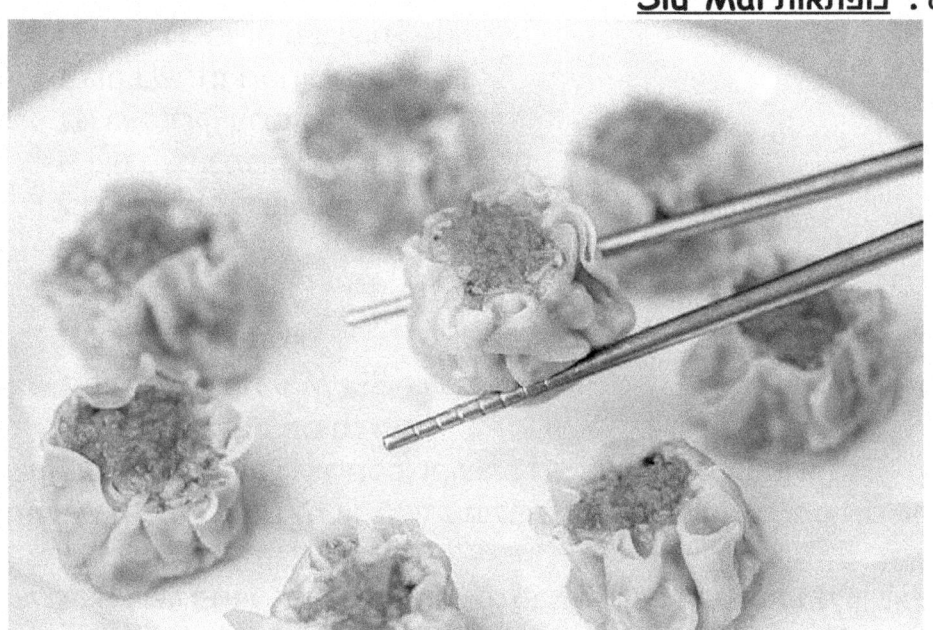

- ¼ פאונד (4 אונקיות) שרימפס טרי
- 3 פטריות בינוניות מיובשות
- 1 כוס בשר חזיר טחון
- 1½ בצל ירוק, פרוס דק
- ½ כוס ניצני במבוק משומרים, מגוררים
- 2 כפיות רוטב צדפות
- 2 כפיות רוטב סויה
-
- 1 כפית שמן שומשום
- 1 חבילה עטיפות Siu Mai או וונטון
- שמן לציפוי צלחת חסינת חום

שוטפים ומוציאים את השרימפס, וקוצצים דק. משרים את הפטריות המיובשות במים חמים למשך 20 דקות לפחות לריכוך. מסננים, מסירים את הגבעולים ופורסים דק.

שלבו את בשר החזיר הטחון, השרימפס, הבצל הירוק, הפטריות המיובשות, נצרי הבמבוק, רוטב הצדפות, רוטב הסויה ושמן השומשום.

לעטוף את הסיו מאי: מניחים 2 כפיות מילוי באמצע העטיפה. **אין** לקפל את העטיפה על המילוי. אספו את קצוות העטיפה וקפלו בעדינות את הצדדים כך שתיצור צורת סל, כשהחלק העליון פתוח.

מצפים קלות צלחת חסינת חום בשמן. מניחים את הכיסונים על הצלחת. מניחים את הצלחת על ספינת אידוי במבוק בווק שהוגדר לאידוי. מאדים את הכיסונים במשך 5-10 דקות או עד שהם מבושלים.

83 . כופתאות בקר מאודות

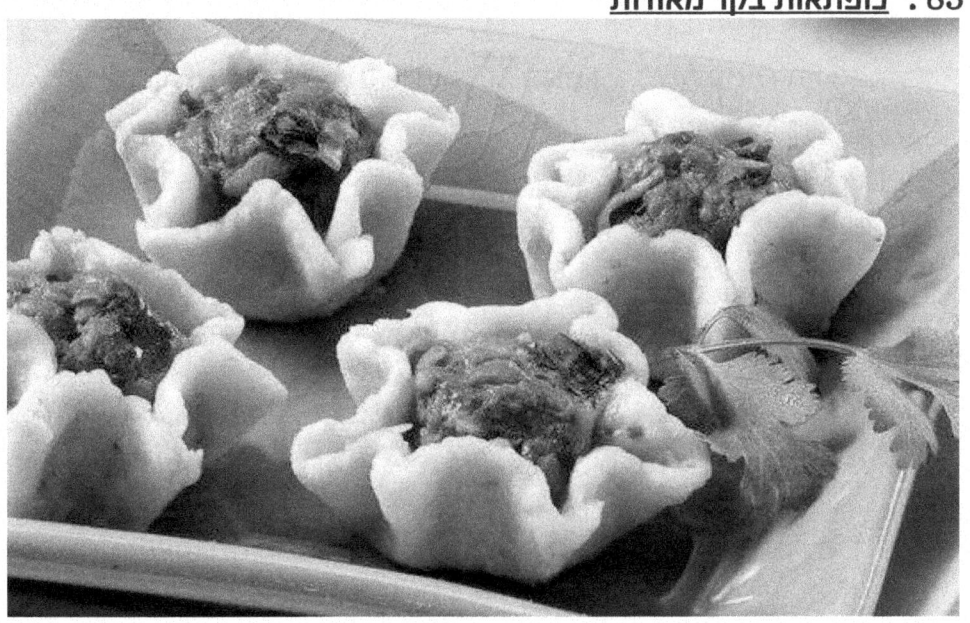

- 8 אונקיות. בשר בקר רזה
- 1 1/2 כפיות רוטב סויה
- 1 כף כוסברה קצוצה 1 כפית שורש ג'ינג'ר טחון 1 כפית עמילן תירס
- 1/2 כפית שמן בוטנים
- 20 עטיפות וונטון עגולות מים
- מניפות בצל ירוק לקישוט פרח צנון לקישוט

בקערה קטנה מערבבים בשר בקר, רוטב סויה, כוסברה, שורש ג'ינג'ר, עמילן תירס ושמן. מניחים 10 עטיפות וונטון על משטח העבודה. מניחים 2 כפיות מילוי במרכז כל עטיפת וונטון. להרטיב כל עטיפת וונטון. להרטיב את כל הקצה במים. הרם את שני צידי העטיפה וצבוט יחד מעל המלית, איסוף קצוות וקפל עטיפות; לצבוט כדי לאטום. ממשיכים עם שאר העטיפות והמלית.

לכל אחת משתי מחבתות גדולות מביאים לרתיחה 2 כוסות מים. להפחית את החום לבינוני; להוסיף כופתאות ולא לתת לגעת.

מכסים קלות ומאדים עד שהכופתאות מוצקות והעטיפות רכות, 15 דקות. מגישים מיד.

מקשטים צלחת הגשה במניפות בצל ירוק ופרח צנון

84 . רביולי מעורב פרחים וגבינה

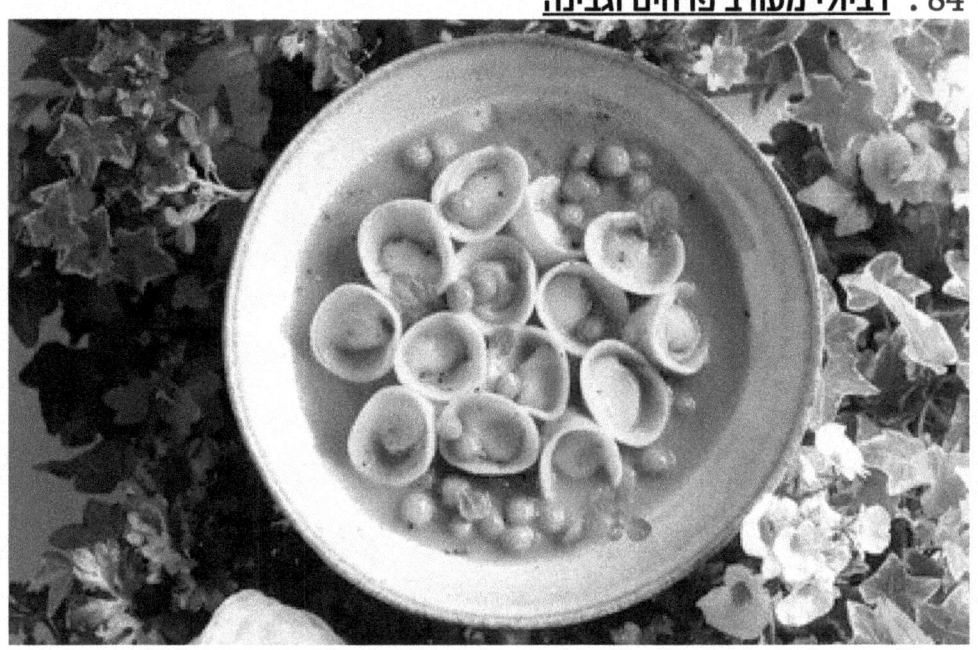

מכינה: מנה אחת

רכיבים

- 12 עורות וונטון
- 1 ביצה טרופה לאיטום רביולי
- 1 כוס עלי כותרת של פרחים מעורבים
- ⅓ כוס גבינת ריקוטה
- ⅓ כוס גבינת מסקרפונה
- 4 כפות בזיליקום קצוץ
- 1 כף עירית קצוצה
- 1 כפית כוסברה קצוצה
- ⅓ כוס לחם חיטה רך, מפורר
- 1½ כפיות מלח
- ½ כפית משחת צ'ילי אדום
- 12 אמנון שלמים

הוראות

a) מערבבים את כל החומרים, מלבד אמנון שלם. להכנה, הנח את עור הוונטון שטוח על משטח.

b) מניחים 1 ½ כפית מילוי באמצע עור הוונטון, ומעליו 1 אמנון שלם.

c) מרטיבים את הקצוות בביצה טרופה ומכסים בעור וונטון נוסף.

d) מבשלים על ידי רתיחה במים או בציר ירקות במשך כחצי דקות.

e) מגישים בקערה עם מרק עגבניות-בזיליקום.

85 . סרטן קריספי וונטונס גבינת שמנת

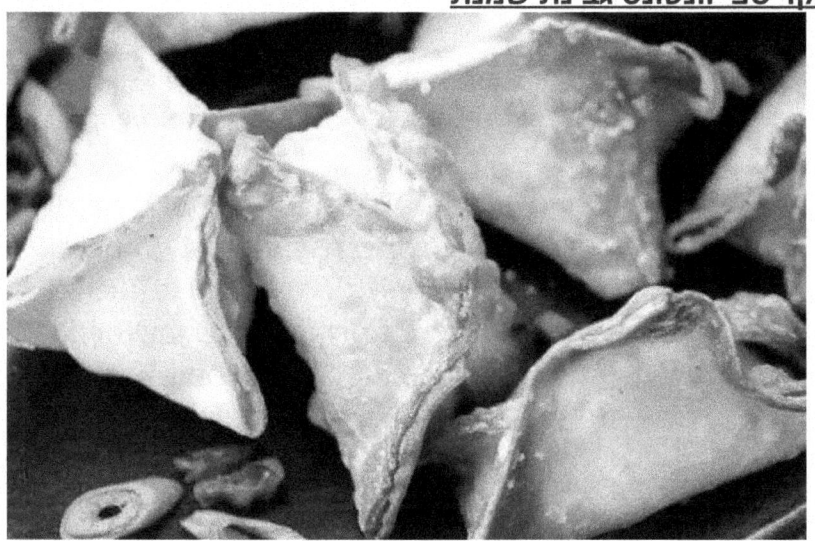

מנה: 6 עד 8

24 עטיפות וונטון, מופשרות אם קפואות
ספריי בישול
מילוי:
5 אונקיות (142 גרם) בשר סרטנים גוש, מרוקן ומייבש
4 אונקיות (113 גרם) גבינת שמנת, בטמפרטורת החדר
2 בצל ירוק, פרוס
1½ כפיות שמן שומשום קלוי
1 כפית רוטב ווסטרשייר
מלח כשר ופלפל שחור גרוס, לפי הטעם

רססו את סל הטיגון האוויר בתרסיס בישול.
בקערה בינונית שמים את כל מרכיבי המילוי ומערבבים עד לקבלת תערובת אחידה. מכינים לצד קערת מים קטנה.
על משטח עבודה נקי, הניחו את עטיפות הוונטון. קוטפים 1 כפית מהמלית במרכז כל עטיפה. הרטיבו את הקצוות במגע מים. מקפלים כל עטיפת וונטון באלכסון לשניים מעל המילוי ליצירת משולש.
מסדרים את הוונטונים בתבנית. מפזרים את הוונטונים בתרסיס בישול.
שים את סל הטיגון האוויר על תבנית האפייה והחלק למצב מתלה 2, בחר אייר פריי, הגדר את הטמפרטורה ל-350°F (180°C) והגדר את הזמן ל-10 דקות.
הופכים את הוונטונים באמצע זמן הבישול.
בסיום הבישול, הוונטונים יהיו פריכים וחום זהוב.
מגישים מיד.

86 . מומוס חזיר

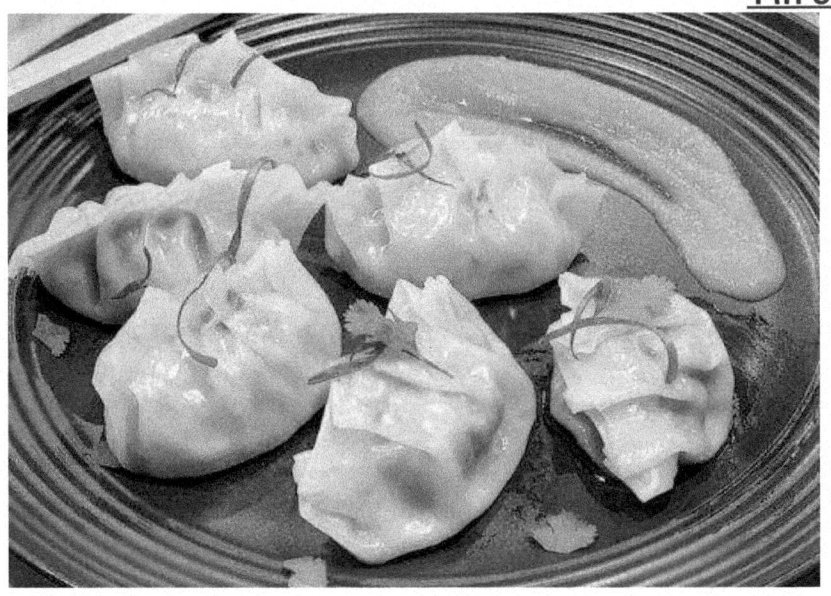

מנה: 4

2 כפות שמן זית
1 פאונד (454 גרם) בשר חזיר טחון
1 גזר מגורר
1 בצל, קצוץ
1 כפית רוטב סויה
16 עטיפות וונטון
מלח ופלפל שחור גרוס, לפי הטעם
ספריי בישול

מחממים את שמן הזית במחבת טפלון על אש בינונית עד שהוא מנצנץ.
מוסיפים את בשר החזיר הטחון, הגזר, הבצל, רוטב הסויה, המלח והפלפל
השחור הטחון ומקפיצים במשך 10 דקות או עד שהחזיר שחום היטב והגזר
רך.
פתחו את העטיפות על משטח עבודה נקי, ואז מחלקים את בשר החזיר
והירקות המבושלים על העטיפות. מקפלים את הקצוות מסביב למילוי
ליצירת מומוסים. נקשו את החלק העליון כדי לאטום את המומוסים.
מסדרים את המומוסים בסלסילת הטיגון האוויר ומפזרים בתרסיס בישול.
שים את סל הטיגון האוויר על תבנית האפייה והחלק למצב מתלה 2, בחר
Air Fry, הגדר את הטמפרטורה ל-(160°C) 320°F והגדר את הזמן ל-
10 דקות.
בסיום הבישול, העטיפות ישחמו קלות.
מגישים מיד.

87 . Wontons גבינת שמנת מטוגנת

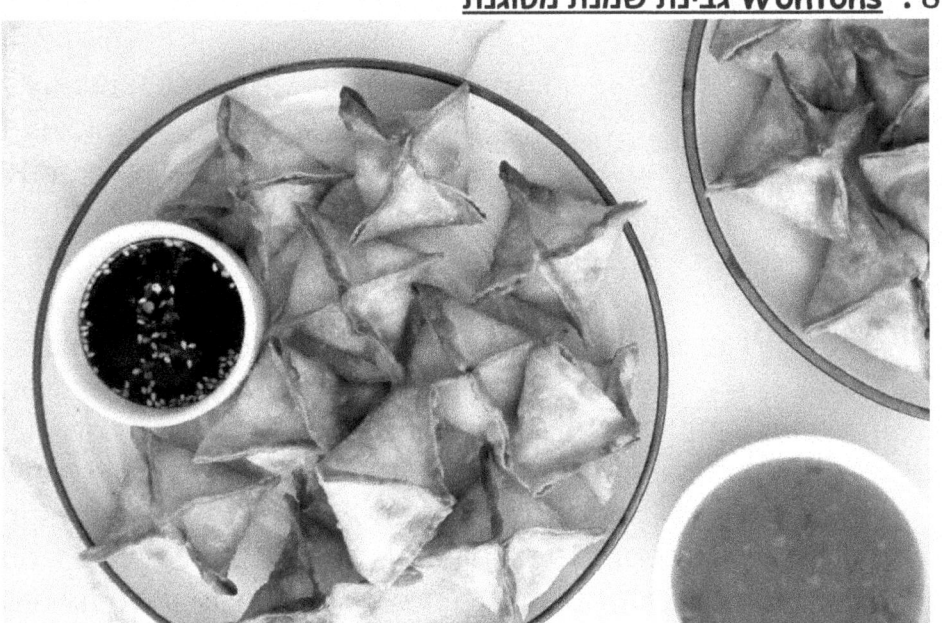

מנה: 4

2 אונקיות (57 גרם) גבינת שמנת, מרוככת
1 כף סוכר
16 עטיפות וונטון מרובעות
ספריי בישול

רססו את סל הטיגון האוויר בתרסיס בישול.
בקערת מיקסר מערבבים יחד את גבינת השמנת והסוכר עד לקבלת תערובת אחידה. מכינים לצד קערת מים קטנה.
על משטח עבודה נקי, הניחו את עטיפות הוונטון. טורפים ¼ כפית גבינת שמנת במרכז כל עטיפת וונטון. טבלו את המים על קצוות העטיפה.
מקפלים כל עטיפת וונטון באלכסון לשניים מעל המילוי ליצירת משולש.
מסדרים את הוונטונים בתבנית. מפזרים את הוונטונים בתרסיס בישול.
שים את סל הטיגון האוויר על תבנית האפייה והחלק למצב מתלה 2, בחר Air Fry, הגדר את הטמפרטורה ל-350°F (180°C) והגדר את הזמן ל-6 דקות.
הופכים את הוונטונים באמצע זמן הבישול.
בסיום הבישול, הוונטונים יהיו זהובים ופריכים.
מחלקים את הוונטונים בין ארבע צלחות. נותנים לנוח 5 דקות לפני ההגשה.

88 . גיוזה כרוב וחזיר

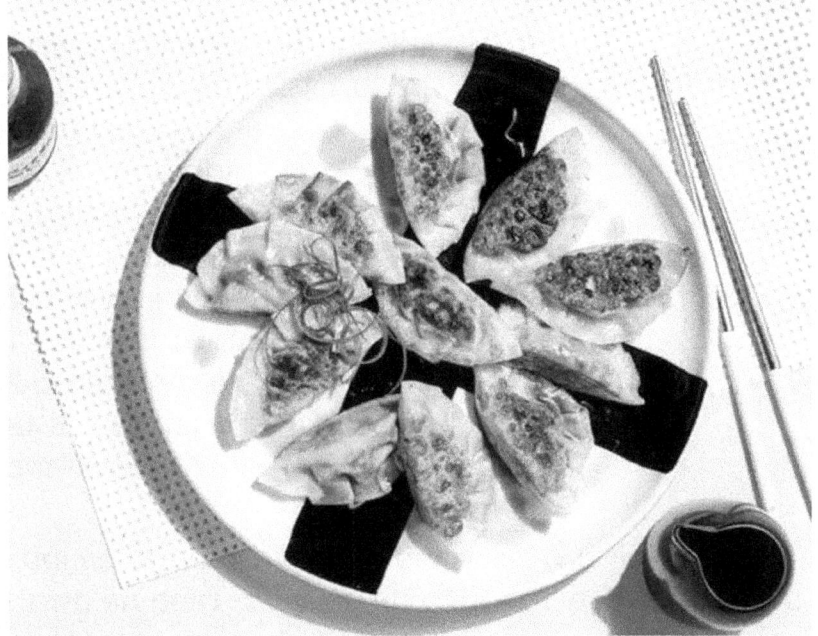

מגישה: 48 גיוזות

1 פאונד (454 גרם) בשר חזיר טחון
1 ראש כרוב נאפה (בערך 1 פאונד / 454 גרם), פרוס דק וקצוץ
½ כוס בצל ירוק טחון
1 כפית עירית טרייה טחונה
1 כפית רוטב סויה
1 כפית ג'ינג'ר טרי טחון
1 כף שום טחון
1 כפית סוכר מגורען
2 כפיות מלח כשר
48 עד 50 וונטון או עטיפות כופתאות
ספריי בישול

רססו את סל הטיגון האוויר בתרסיס בישול. לְהַפְרִישׁ.
מכינים את המילוי: מערבבים את כל המרכיבים, מלבד העטיפות, בקערה גדולה. מערבבים כדי לערבב היטב.
פתחו עטיפה על משטח עבודה נקי, ואז טבלו את הקצוות במעט מים. גרפו 2 כפיות מתערובת המילוי במרכז.
מכינים את הגיוזה: מקפלים את העטיפה על המילוי ולוחצים על השוליים לאטימה. מקפלים את הקצוות אם רוצים. חזור על הפעולה עם שאר העטיפות והמילויים.
מסדרים את הגיוזות במחבת ומפזרים בספריי בישול.
שים את סל הטיגון האוויר על תבנית האפייה והחלק למצב מתלה 2, בחר Air Fry, הגדר את הטמפרטורה ל-360°F (182°C) והגדר את הזמן ל-10 דקות.
הופכים את הגיוזה באמצע זמן הבישול.
כשהגיוזות מבושלות יהיו חומות זהוב.
מגישים מיד.

89 . <u>וונטונים של ירקות ופירות ים אפויים</u>

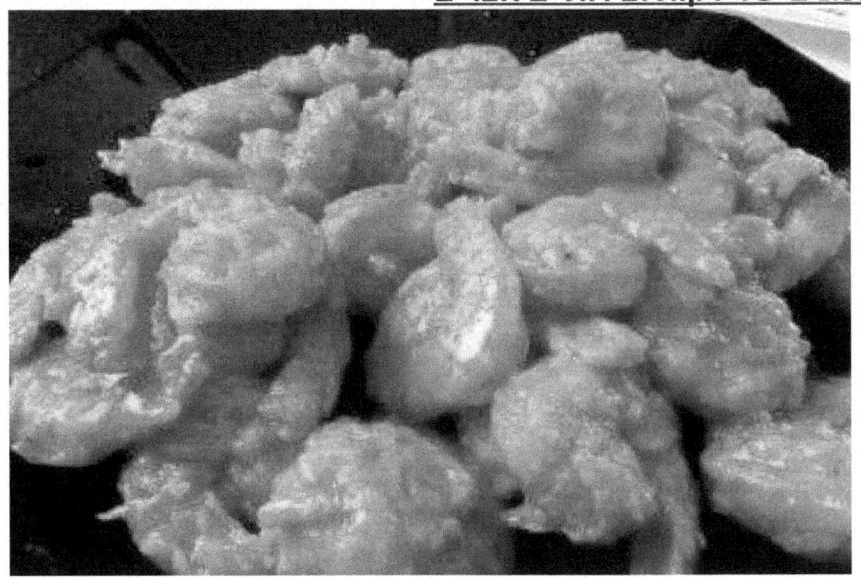

תשואה: 6 מנות

מַרכִּיב
- 1 מעטפה מרק ירקות לערבב 15 אונקיות
- פלפל שחור 40 עטיפות וונטון 1
- גבינת ריקוטה
- ½ קילו בשר סרטנים חיקוי, קצוץ ¼ כפית אבקת שום ⅛ כפית

- כף שמן צמחי או זית מחממים תנור ל-350~F.

בקערה בינונית, משלבים תערובת מרק, גבינה, סרטן, אבקת שום ופלפל
מניחים 1 כף תערובת במרכז כל וונטון. מברישים את הקצוות במים; קפל
כל פינה למרכז ולחץ כדי לאטום.
מסדרים את צד התפר כלפי מטה על דף עוגיה משומן קלות; להבריש
וונטונים בשמן. אופים 25 דקות או עד שהם פריכים וזהובים, הופכים פעם
אחת.

90. <u>וונטון חזיר טחון</u>

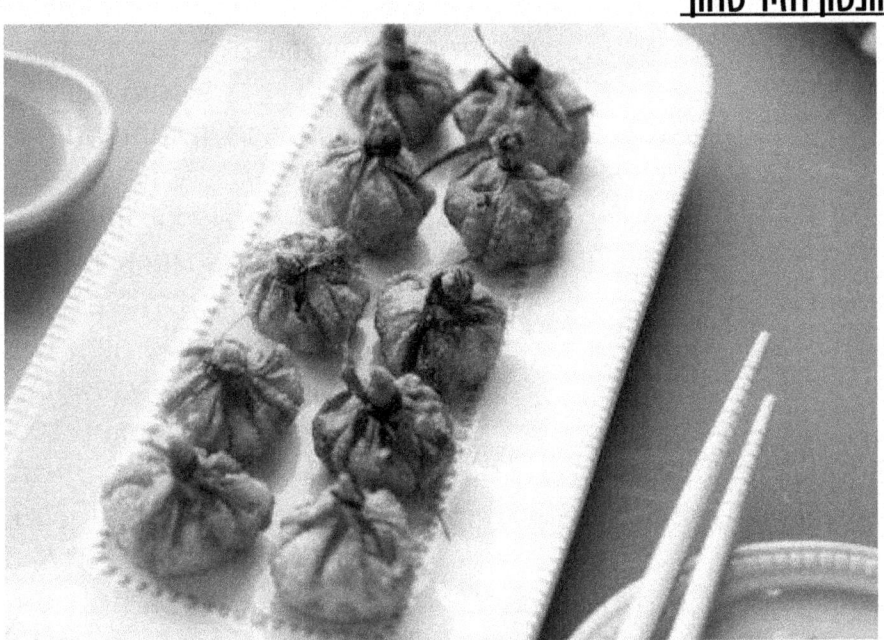

רכיבים

- חתיכת ג'ינג'ר של 2 אונקיות, קלופה
- 1/4 כוס מים
- 16 אונקיות בשר חזיר טחון, באופן אידיאלי עם כ-30% שומן
- 1 ביצה, טרופה
- 1 כף שמן שומשום
- 1 כפית יין אורז או שרי יבש
- 3/4 כפית מלח
- 1/4 כפית פלפל לבן
- 3 כפות ציר עוף או חזיר
- 100 עטיפות וונטון שנרכשו בחנות

הוראות הגעה:

1. מרסקים היטב את חתיכת הג'ינג'ר כדי לשחרר טעם ונותנים לה להיספג ב-1/4 כוס מים.

2. מערבבים בשר חזיר טחון עם מי ההשריה מהג'ינג'ר, הביצה הטרופה, שמן השומשום, יין האורז, המלח והפלפל הלבן. מוסיפים ציר עוף או חזיר, חצי כפית בכל פעם כדי להוסיף לחות לתערובת.

3. עם עטיפת וונטון מונח על יד אחת, ממלאים בערך 1/2 כף מילוי. סוגרים על ידי קיפול העטיפה למשולש. אטום על ידי לחיצה בעדינות על שני הצדדים.

4. קחו את שני קצוות המשולש וקפלו כלפי מטה עד שהקצוות נפגשים וחופפים מעט. לחץ כדי לאגד את הקצוות.

5. הכינו מחבת גדולה של מים רותחים.

6. מניחים בעדינות כופתאות, כמה בכל פעם, במים, לא מצטופפים, ומרתיחים עד שהמילוי מוכן (כשלוש דקות).

7. מסננים ומניחים על גבי התבלין. מערבבים קלות.

8. אם רוצים, מקשטים בבצל ירוק קצוץ או כוסברה, או שום חי או ג'ינג'ר קצוצים דק.

קינוח

91. נוטלה וונטונס

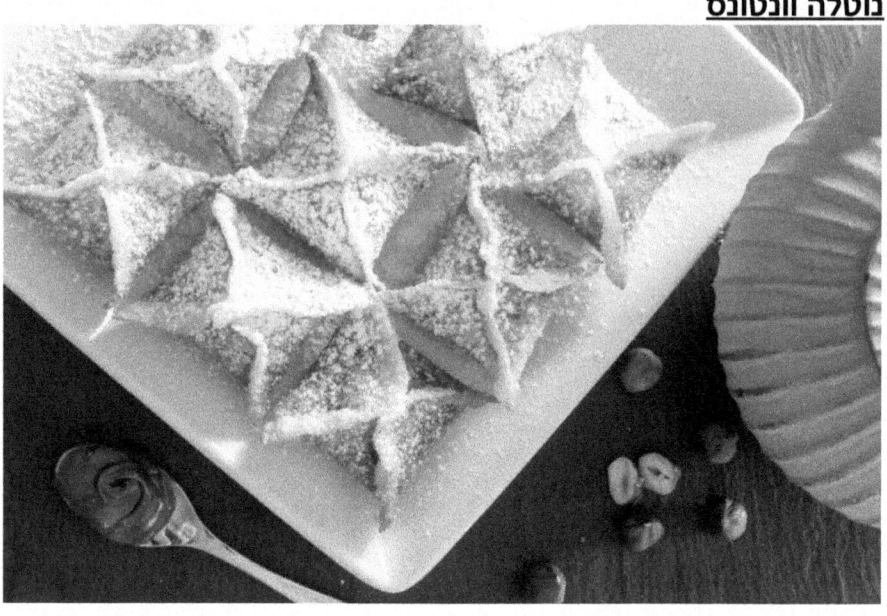

מכינה: 4-6 מנות

רכיבים

- נוטלה, לפי הצורך
- 2 בננות בשלות גדולות, קלופות וחתוכות לפרוסות בעובי חצי סנטימטר
- פתיתי קוקוס, לפי הצורך
- 24 עטיפות וונטון
- 1 כף סוכר חום בהיר
- ¼ כפית קינמון טחון
- 1 קורט אגוז מוסקט טחון
- 1 קורט הל טחון
- שמן לטיגון

הוראות

a) מערבבים בקערה את הסוכר החום והתבלינים.
b) מוסיפים את פרוסות הבננה ומצפים אותן בתערובת הסוכר החום באופן שווה.
c) מניחים כמות קטנה של נוטלה, ואחריה פרוסת בננה וכמה חתיכות של פתיתי קוקוס במרכז כל עטיפת וונטון.
d) מצפים את שולי העטיפות באצבעות רטובות ומקפלים אותן על המילוי בצורת משולש.
e) בעזרת האצבעות, לחץ על הקצוות כדי לאטום אותם לחלוטין.
f) במחבת גדולה מחממים את השמן ל-350 מעלות F.
g) מוסיפים את הוונטונים בקבוצות ומבשלים עד להזהבה משני הצדדים.
h) מעבירים את העטיפות על צלחת מרופדת במגבת נייר לניקוז.
i) מגישים הכל עם זילוף של אבקת סוכר.

92 . נוטלה בננה וונטונס

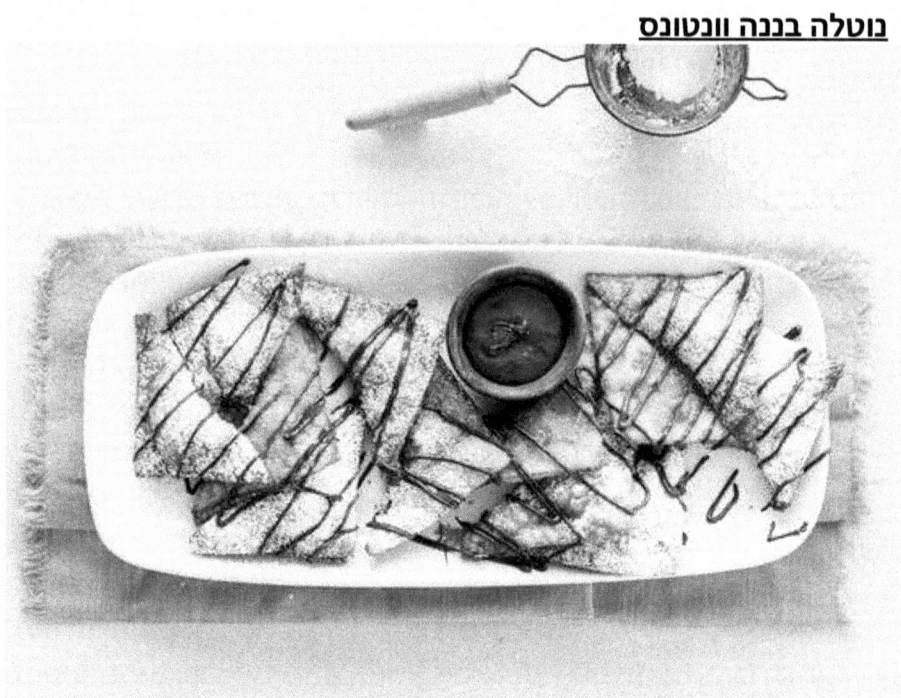

עושה: 6

רכיבים

- 1 בננה קטנה בשלה, מעוכה
- 1 כף נוטלה
- 1 כף ריבת תותים
- 1 כף אגוזים קצוצים
- 13 עטיפות וונטון
- ½ כפית סוכר
- ספריי בישול נון-סטיק

הוראות

h) כוונו את התנור ל-350 מעלות צלזיוס לפני שאתם עושים כל דבר אחר ומרפדים תבנית בנייר אפייה.
i) מוסיפים לקערה את הריבה, הנוטלה והבננה ואת הריבה ומערבבים לתערובת אחידה.
j) מניחים כ-1 כפית מהתערובת במרכז כל עטיפת וונטון, ואחריה את האגוזים.
k) באצבעות רטובות מרטיבים את הקצוות של כל עטיפה ולאחר מכן מקפלים את המילוי בצורת משולש.
l) כעת, בעזרת האצבעות, לחץ על הקצוות כדי לאטום לחלוטין.
m) במחבת עמוקה מוסיפים את השמן על אש בינונית-גבוהה ומבשלים עד שהוא מתחמם.
n) בתחתית תבנית האפייה המוכנה מסדרים את עטיפות הוונטון.
o) מרססים כל עטיפה בתרסיס הבישול ומפדרים בסוכר.
p) מבשלים בתנור כ-30 דקות 11-15 דקות.
q) תיהנו חם עם התוספת האהובה עליכם.

9: . קינוח נוטלה וונטונס

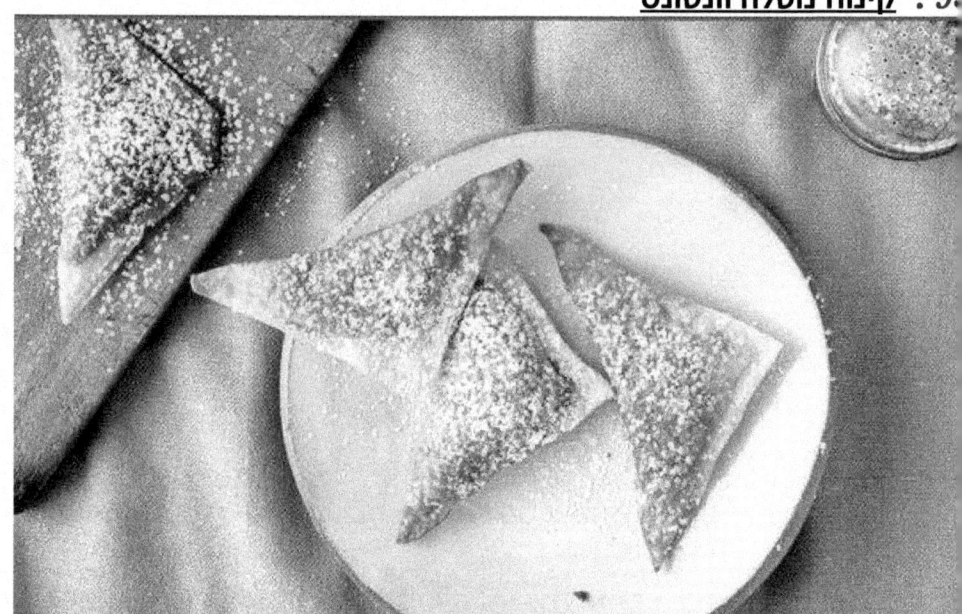

עושה: 1

רכיבים
- נוטלה, לפי הצורך
- 2 בננות בשלות גדולות, קלופות וחתוכות לפרוסות בעובי חצי סנטימטר
- פתיתי קוקוס, לפי הצורך
- 6 אונקיות עטיפות וונטון, בערך 24
- 1 כף סוכר חום בהיר
- ¼ כפית קינמון טחון
- קורט אגוז מוסקט טחון
- קורט הל טחון
- שמן לטיגון)
- אבקת סוכר

הוראות
a) מערבבים בקערה את הסוכר החום והתבלינים.
b) מוסיפים את פרוסות הבננה ומצפים אותן בתערובת הסוכר החום באופן שווה.
c) מניחים כמות קטנה של נוטלה, ואחריה פרוסת בננה וכמה חתיכות של פתיתי קוקוס במרכז כל עטיפת וונטון.
d) מצפים את שולי העטיפות באצבעות רטובות ומקפלים אותן על המילוי בצורת משולש.
e) בעזרת האצבעות, לחץ על הקצוות כדי לאטום אותם לחלוטין.
f) במחבת גדולה מחממים את השמן ל-350 מעלות F.
g) מוסיפים את הוונטונים בקבוצות ומבשלים עד להזהבה משני הצדדים.
h) מעבירים את העטיפות על צלחת מרופדת במגבת נייר לניקוז.
i) מגישים הכל עם זילוף של אבקת סוכר.

94. אגסים אפויים בפרכיות ווניל ודבש

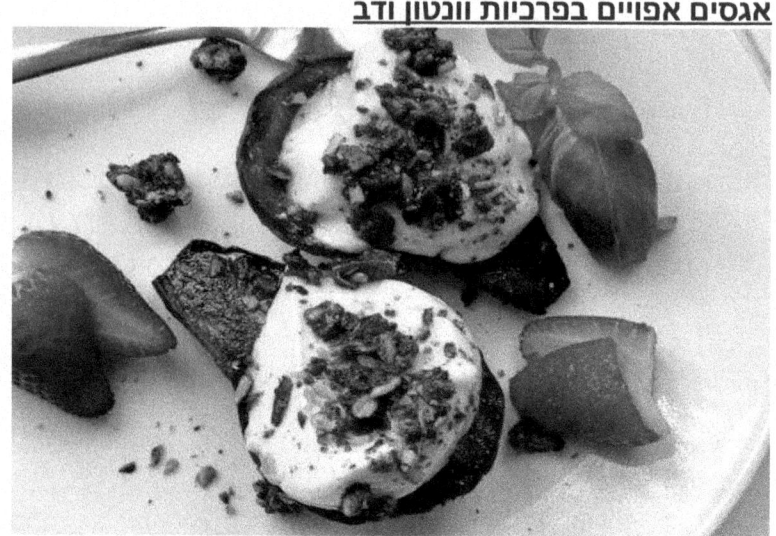

זמן הכנה: 20 דקות

זמן בישול: 45 דקות

מנות: 4 אנשים

רכיבים

- ½ כפית קינמון טחון, מחולק
- 2 אגסים קוריאנים-אמריקאים
- ½ כוס פלוס 1 כף דבש, מחולקת
- עטיפות וונטון 4 - 6×6
- ¼ כוס מסקרפונה
- 1 ½ כפות חמאה מומסת ללא מלח

הוראות הגעה

a) מחממים את הכיריים ל-375°F ומרפדים תבנית אפייה בנייר אפייה.
b) פורסים חצי סנטימטר מהבסיס והחלק העליון של האגס.
c) כעת קלפו אותם וחתכו את האמצע האופקי, הוציאו את הזרעים
d) מניחים את העטיפות על משטח יבש ויבש, מוסיפים את חצי האגס לכל עטיפה ומפדרים בקינמון, ואז מפזרים מעל דבש בערך 1 כף.
e) הרם את הפינות ואטום באמצעות הדבש.
f) מניחים את אלה על תבנית האפייה ומבשלים בתנור במשך 45 דקות, אם צבעי המאפה יותר מדי פשוט מכסים במעט נייר כסף.
g) מערבבים יחד את שאר הדבש, הקינמון והמסקרפונה לתערובת אחידה.
h) מגישים את החבילות עם המסקרפונה.

95. שוקולד בננה וונטונס

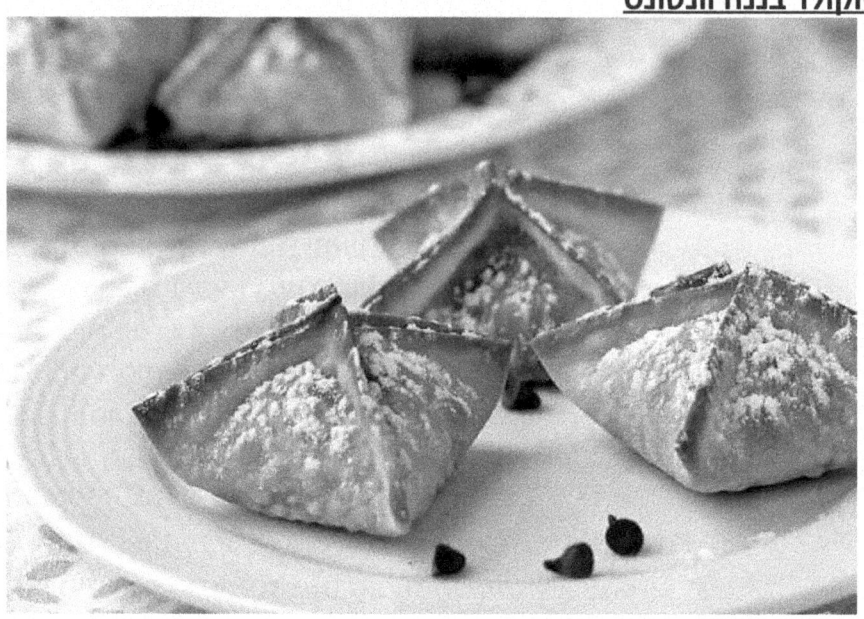

רכיבים

עטיפות וונטון
2 בננות בשלות
1/2 כוס שוקולד צ'יפס
1 כף שמן קוקוס
הוראות

מחממים את התנור ל-350 מעלות צלזיוס (180 מעלות צלזיוס).

מועכים את הבננות בקערת ערבוב.

מניחים כף קטנה מהבננות המעוכות וכמה שוקולד צ'יפס על כל עטיפת וונטון.

מרטיבים את הקצוות של עטיפת הוונטון במים, מקפלים לשניים ולוחצים לאטימה.

מניחים את הוונטונים על תבנית מרופדת בנייר אפייה.

ממיסים את שמן הקוקוס ומברישים אותו על הוונטונים.

אופים בתנור במשך 10-12 דקות, או עד להזהבה.

הגש חם.

9. קינמון וונטונס תפוחים

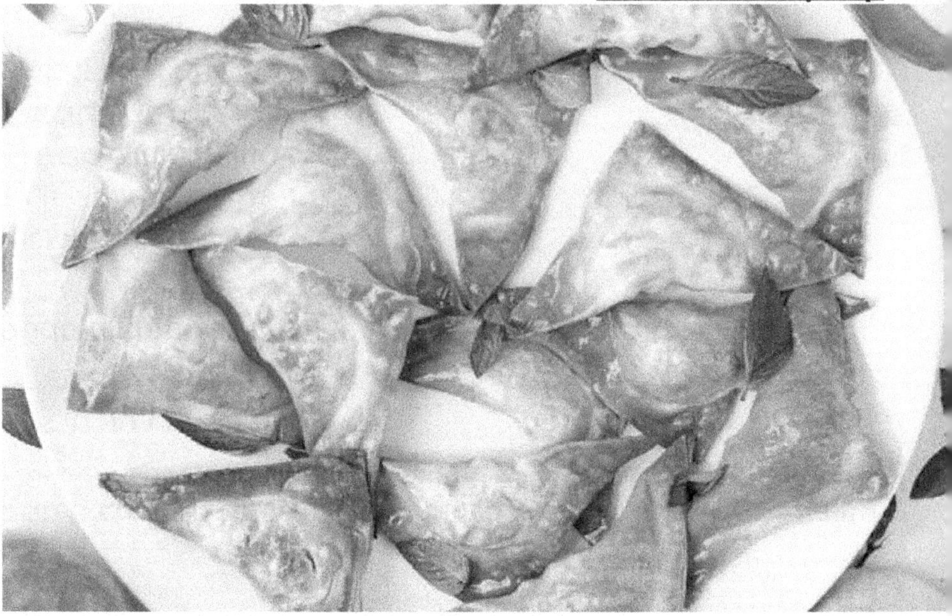

רכיבים

עטיפות וונטון
2 תפוחים, קלופים וחתוכים לקוביות
1 כפית קינמון
2 כפות סוכר חום
1 כף חמאה
הוראות

ממיסים את החמאה במחבת על אש בינונית.

מוסיפים את קוביות התפוחים, הקינמון והסוכר החום למחבת ומבשלים 5-7 דקות, או עד שהתפוחים רכים.

מניחים כף קטנה מתערובת התפוחים על כל עטיפת וונטון.

מרטיבים את הקצוות של עטיפת הוונטון במים, מקפלים לשניים ולוחצים לאטימה.

מחממים מעט שמן במחבת על אש בינונית.

מבשלים את הוונטונים במשך 2-3 דקות מכל צד, או עד להזהבה.

הגש חם.

97. Wontons גבינת קרם תותים

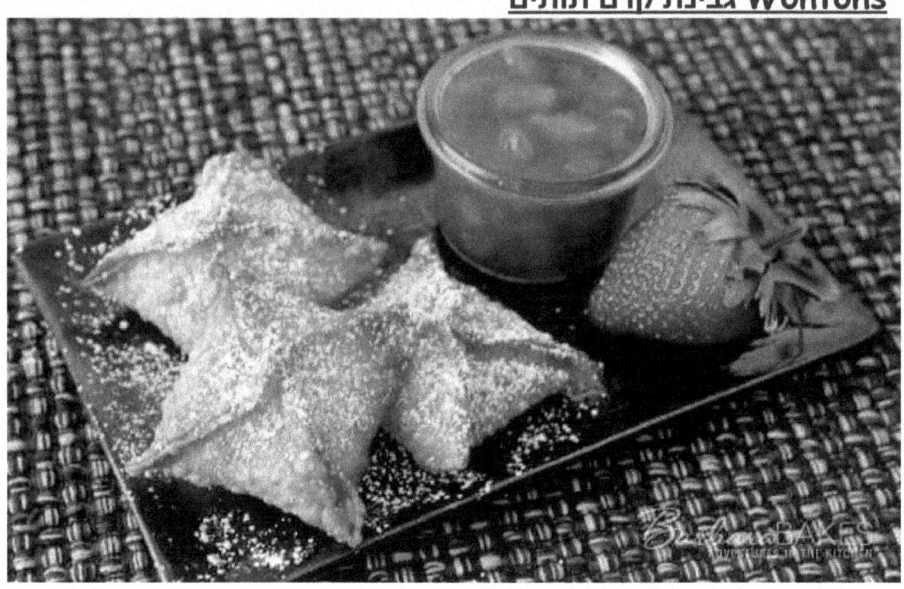

רכיבים

עטיפות וונטון
4 גרם גבינת שמנת, מרוככת
1/4 כוס אבקת סוכר
1/2 כוס תותים קצוצים
1 כפית תמצית וניל
1 חלבון ביצה, טרופה
שמן צמחי לטיגון
הוראות

מערבבים בקערת מיקסר את גבינת השמנת, אבקת הסוכר, התותים הקצוצים ותמצית הווניל.

מניחים כף קטנה מתערובת גבינת השמנת על כל עטיפת וונטון.

מרטיבים את הקצוות של עטיפת הוונטון במים, מקפלים לשניים ולוחצים לאטימה.

מחממים את השמן הצמחי במחבת על אש בינונית-גבוהה.

טובלים כל וונטון בחלבון הביצה ואז מניחים אותו בשמן החם.

מטגנים את הוונטונים במשך 2-3 דקות מכל צד, או עד להזהבה.

הגש חם.

98 . אוכמניות לימון וונטונים

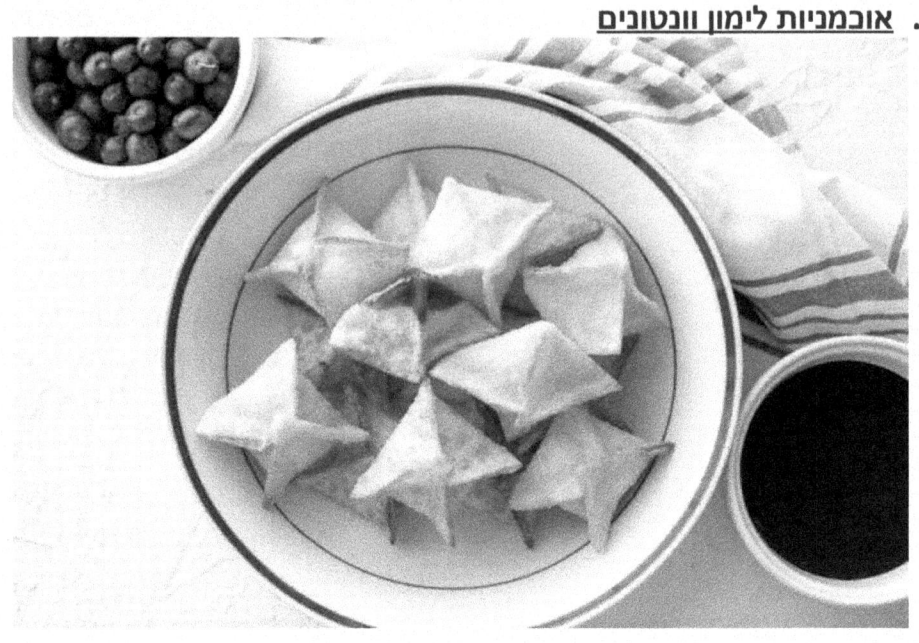

רכיבים

עטיפות וונטון
1 כוס אוכמניות
1/4 כוס סוכר מגורען
2 כפות עמילן תירס
גרידה ומיץ מלימון 1
1 ביצה, טרופה
שמן צמחי לטיגון
הוראות

מערבבים בקערת מיקסר את האוכמניות, הסוכר, עמילן התירס וגרידת הלימון והמיץ.
מניחים כף קטנה מתערובת האוכמניות על כל עטיפת וונטון.
מרטיבים את הקצוות של עטיפת הוונטון במים, מקפלים לשניים ולוחצים לאטימה.
4. טובלים כל וונטון בביצה הטרופה ולאחר מכן מניחים אותו בשמן החם.

מטגנים את הוונטונים במשך 2-3 דקות מכל צד, או עד להזהבה.

הגש חם.

רכיבים

עטיפות וונטון
1/2 כוס מיני מרשמלו
1/4 כוס שוקולד צ'יפס
1/4 כוס קרקרים גרהם מרוסקים
1 ביצה, טרופה
שמן צמחי לטיגון
הוראות

מניחים כף קטנה של מיני מרשמלו, שוקולד צ'יפס ופצפוצי גרהם מרוסקים
על כל עטיפת וונטון.

מרטיבים את הקצוות של עטיפת הוונטון במים, מקפלים לשניים ולוחצים
לאטימה.

טובלים כל וונטון בביצה הטרופה ואז מניחים אותו בשמן החם.

מטגנים את הוונטונים במשך 2-3 דקות מכל צד, או עד להזהבה.

הגש חם.

10 . Wontons גבינת קרם פטל

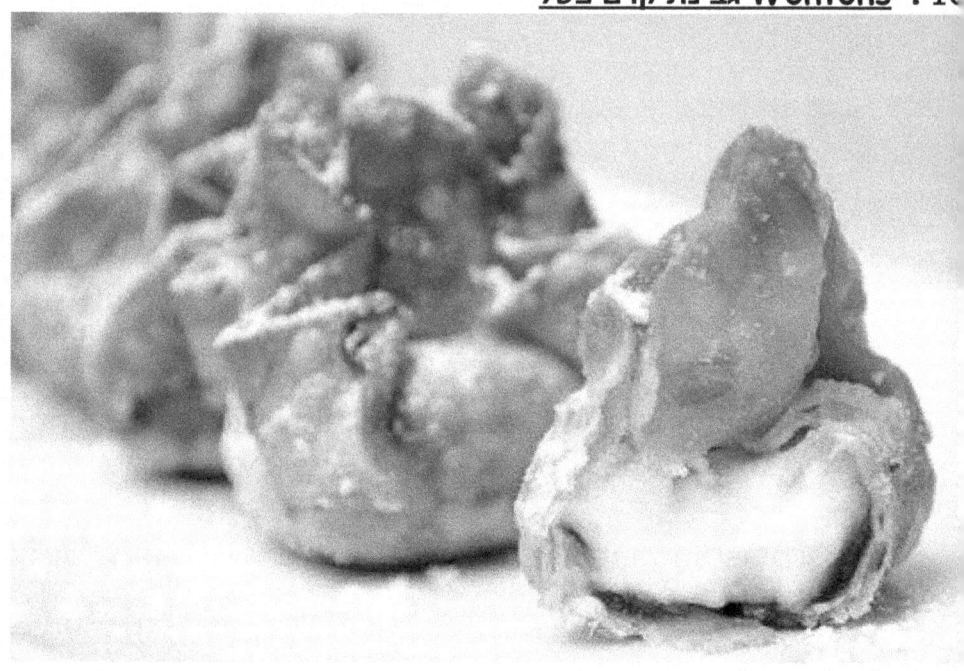

רכיבים

עטיפות וונטון
4 גרם גבינת שמנת, מרוככת
1/4 כוס אבקת סוכר
1/2 כוס פטל
1 כפית תמצית וניל
1 חלבון ביצה, טרופה
שמן צמחי לטיגון
הוראות

מערבבים בקערת מיקסר את גבינת השמנת, אבקת הסוכר, הפטל ותמצית הווניל.

מניחים כף קטנה מתערובת גבינת השמנת על כל עטיפת וונטון.

מרטיבים את הקצוות של עטיפת הוונטון במים, מקפלים לשניים ולוחצים לאטימה.

מחממים את השמן הצמחי במחבת על אש בינונית-גבוהה.

טובלים כל וונטון בחלבון הביצה ואז מניחים אותו בשמן החם.

מטגנים את הוונטונים במשך 2-3 דקות מכל צד, או עד להזהבה.

הגש חם.

סיכום

אנו מקווים שספר הבישול הזה של ונטון נתן לך השראה לחקור את הטעמים העשירים והמגוונים של המטבח הסיני. בין אם אתם מחפשים ליצור מחדש מנה אהובה או לנסות משהו חדש, Wontons הם אפשרות טעימה ורב-תכליתית שניתן להתאים אישית לכל טעם. מבשר חזיר מלוח ושרימפס ועד שוקולד מתוק ובננה, האפשרויות הן אינסופיות.

אנו ממליצים לך להתנסות עם מילויים ושיטות בישול שונות כדי לגלות את יצירות הווטון הייחודיות שלך. ומעל לכל, אנו מקווים שספר הבישול הזה הביא לכם שמחה וסיפוק במטבח. בישול שמח!

Milton Keynes UK
Ingram Content Group UK Ltd.
UKHW020121030823
426203UK00016B/688

9 781835 314739